中华先锋人物
故事汇

王 选

"异想天开"的科学斗士

WANG XUAN
YIXIANG-TIANKAI DE KEXUE DOUSHI

葛竞 著

图书在版编目（CIP）数据

王选："异想天开"的科学斗士/葛竞著．—北京：党建读物出版社；南宁：接力出版社，2019.4
（中华人物故事汇．中华先锋人物故事汇）
ISBN 978-7-5099-1120-4

Ⅰ.①王… Ⅱ.①葛… Ⅲ.①传记小说-中国-当代 Ⅳ.①I247.5

中国版本图书馆CIP数据核字(2019)第017514号

王选——"异想天开"的科学斗士
葛 竞 著

责任编辑：楚亚男　廖灵艳
责任校对：杨 艳　贾玲云　张琦锋
装帧设计：严 冬　许继云　　美术编辑：高春雷
出版发行：党建读物出版社　接力出版社
地　　址：北京市西城区西长安街80号东楼（邮编：100815）
　　　　　广西南宁市园湖南路9号（邮编：530022）
网　　址：http://www.djcb71.com　　http://www.jielibj.com
电　　话：010-65547970/7621
经　　销：新华书店
印　　刷：保定市中画美凯印刷有限公司
2019年4月第1版　　2023年5月第9次印刷
787毫米×1092毫米　32开本　4.75印张　60千字
印数：102 001—112 000册　　定价：18.00元

版权所有　侵权必究

质量服务承诺：如发现缺页、错页、倒装等印装质量问题，可直接向本社调换。
服务电话：010-65545440

目 录

写给小读者的话·········1

爸爸的小课堂·········1

妈妈的妙计·········9

幼儿园里的大公鸡·········17

听戏悟出的道理·········23

小小班干部·········29

美好的校园·········37

面条闹出的笑话·········45

崭新的挑战·········53

学习好的秘诀·········61

研制"红旗机"·············67

用尽全力·················75

闲不下来的人···········83

爱的力量·················89

智慧在闪光·············97

沉重的打击·············103

逆境中也有光亮·······111

令人幸福的"羊"······117

令人震惊的技术·······125

大树与新苗·············131

最后的路程·············137

写给小读者的话

二〇一八年十二月八日,庄严肃穆的人民大会堂里,正在召开规模宏大的庆祝改革开放四十周年大会。

台下整齐地坐着各行各业的代表,他们目不转睛地盯着台上主席手中那金灿灿、闪闪发亮的奖章,原来这是要颁发给中国"改革先锋"的。

当主持人念到"王选"的名字时,屏幕上出现了一张照片,那是一位戴着黑框圆眼镜、穿着西服、微笑着坐在办公桌前的叔叔。你可能会惊讶,原来这位和蔼可亲的叔叔,是一位取得了了不起的成就的伟大科学家呀。今天我会告诉你们,科学家王选用一生书写的华丽篇章,为祖国和人民做出了不容忽视的贡献，他的故事充满传奇色彩，又是那样脚踏实地、朴实无华。

你想成为一名科学家吗？从一个普普通通的孩子到一位做出伟大发明的科学家，到底有多远的距离呢？现在，就让我们一起来聆听、体会科学家王选的故事吧。

爸爸的小课堂

"哇——哇——"一阵响亮的婴儿啼哭划破天际,王爸爸小心翼翼地从产婆手中接过了这个小小的生命,这是妻子为他生下的第五个孩子了。

小婴儿在爸爸的怀抱里没有哭多久便安详地睡着了,他并不知道当时环境的险恶。一九三七年日本侵华,到处都是枪林弹雨,有些人为了自己的安全便出卖国家当了汉奸,王爸爸非常痛恨这种行径,每每一想到这些,他心中就生出难以抒发的苦闷之情。

"给孩子取个名字吧。"妻子躺在床上对王爸爸说。王爸爸看了看怀中的孩子,说道:"我希望这个坚持要来世间走一遭的小生命,遇见人生的岔路口时，能够选择正确的道路，就给他取名为王选吧。"

妻子微笑着点了点头，王爸爸把孩子放在了妻子的身边，妻子便一口一个"王选"地逗着小婴儿。不过那时的他们并没有想到，这个孩子，在日后竟能影响整个中国。

对王选来说，父亲的爱国情怀深深地影响着他。

一次，刚放学，王选的大姐王俭就带着刚满三岁的王选去挑选文具。对女孩子来说，买文具是学生时代最喜欢做的事情之一。

王俭把弟弟放在了门口收银台处，自己一下钻进了文具店。一进文具店，王俭的眼里就像跑进了星星一样，双眼闪烁着光芒，她左瞧瞧，右看看，挑选着自己心仪的物品。

她发现收银台旁边的笔筒里插着几支铅笔，便立刻抽出了一支递到了王选面前。

"弟弟，你看这支好看吗？"王俭问王选。

王选什么也不懂，看着颜色鲜艳的铅笔点了点头。

"小姑娘,你手里拿的这支铅笔是日本产的,便宜点儿卖给你们了,好不好?"老板对王俭说道。

王俭一想,能便宜地买到铅笔,还挺划算,就兴高采烈地买了下来,一把抱起弟弟开心地回家了,只是她没想到,这支小小的铅笔竟给她带来了狂风骤雨。

回到家,王俭迫不及待地拿削笔刀削好铅笔,爱不释手地摆弄着。

"大姑娘,把你的铅笔借我用用,我拿来做个记号。"王选的爸爸在弄堂里锯着木头,大声喊着。

"好的,我马上来。"王俭兴奋地拿起手里的铅笔就奔向了弄堂,把铅笔递给了爸爸,"这可是我刚买的,好看吗?老板便宜卖给我了。"

王爸爸用手拨了拨铅笔,说:"是吗?那这铅笔是哪个国家生产的?"

"老板说是日本。"王俭立刻回复道。

王爸爸的脸色变了,瞪大了眼睛看着铅笔,提高了音量:"你再说一遍,这是哪个国家生产的?"

王俭突然有些害怕,小声地吐出几个字:"老……老板说……是日……日本产的。"

王爸爸用两只手一下折断了铅笔,一脚踢飞了面前的木头。"你这个女娃子,竟然还去买日本的东西,看我这次不好好教训教训你!"说完,王爸爸从地上拿起了一根木头准备打王俭的屁股。

"别别别,孩子他爸,别冲动,孩子还小,什么都不懂。"王选的妈妈听见了声响就立刻跑了出来拦着王爸爸。

王俭吓得直哭,弟弟妹妹们看见大姐哭了起来,便都跟着哭了起来,哭声此起彼伏。

王选想不到爸爸会生气,一边哭一边走到爸爸的面前抱住了他的腿,嘴里嘟囔着:"我怕,我怕,爸爸不要打姐姐。"

王选的爸爸意识到自己有些冲动,过了一会儿,他把孩子们聚集在一起,给孩子们上了堂"政治课"。

"你们都给我记住,伤害中国、侵略中国的国家,就是我们的敌人,敌人的所有东西我们都不能碰,更别说买了。"爸爸严肃地教育着五个孩子。

从那次之后，他们再也不买日本货了。

还有一次，王选正在房间里看故事书，王选的爸爸悄悄地走进了房间，关上门，递给了王选一张小画报。

"王选，你帮爸爸好好保存这张小画报呗！"爸爸小声地对王选说道，便把画报递给了王选。

王选拿到手里一看，发现画报上竟然是一个中国军人和一面中华民国的国旗。王选知道，在"沦陷区"保存这样一张画报是非常危险的，倘若被发现，是要担很大的罪名，甚至会失去性命。

"爸爸，我很喜欢这张画报，不过……"王选有些犹豫。

"爸爸看到这张画报舍不得销毁啊，没关系的，我把它藏在你们小孩这里是不会有事的，抗日战争也一定会胜利的！"

王选坚定地点了点头，他和爸爸一起把画报藏在了王选的抽屉里，上面压了好几本书，一直保存到抗战胜利。

"这是咱们俩的秘密，一定不能告诉别人哟。"爸爸一边伸出了手指一边对王选说道。

王选立刻也伸出了小手与爸爸拉了钩。这件事情，不仅是王选心中的一个秘密，也是他儿时受到的最早的爱国启蒙教育，为他今后以爱国之心献身于国家建设埋下了种子。

除了爱国之情，王选的爸爸严谨认真、一丝不苟的精神也深深影响着王选。

有一次王选去爸爸的房间里找书看，一不小心翻出了一本笔记，上面记着一串串像密码一样神秘的数字。

王选立刻拿着笔记本去问爸爸这些数字代表什么，爸爸看了看笔记本，笑着摸了摸王选的脑袋。"这些数字也没什么特别的，就是日期。"

"日期？"王选非常困惑，这些日期有什么特殊含义吗？

爸爸指了指书桌旁的一箱信件。"喏，我呀，会把寄出去的每一封信都抄写一遍，并且还要清晰地记录是哪一天发出的信，这个小本本就是记录这些日子的。"

王选有些吃惊。"爸爸每次还要把寄出去的信抄写一遍？"

爸爸微笑着，点了点头："你可不要嫌麻烦，这样做，留下的底稿自己随时都可以查阅，也不会遗忘什么重要的事情了。"

听了爸爸的话，王选似懂非懂地点了点头，他虽然还没有给别人写过信，但他看到那些归置得整整齐齐、井井有条的信件，便知道爸爸的精细入微一定是很好的品格。

王选的爸爸一生倔强，从来不会拍马屁和阿谀奉承，他十分重视友情。王爸爸自大学毕业之后，每年都会组织几次留沪同学聚餐，王爸爸会和同学们一同聊聊天、叙叙旧、谈谈心。这样的"社交"，王爸爸一坚持就是十年。

除了"爱社交"，王爸爸还喜欢"管闲事"和打抱不平。无论是自己的亲友，还是同学或同事，只要是他们遇到困难，和他提了一两句，王爸爸便会尽全力去帮助他们。外地的亲朋好友来上海游玩，王爸爸便会在家里好好地招待他们，让他们住很长时间；同事遇到困难需要用钱，王爸爸也会毫不犹豫地拿出钱来，如果所需太多，自己解决不了的话，他便会发起倡议，让身边的朋友同事捐助他们；王爸爸还帮过堂兄求职，资助过表兄出国留学……

　　王爸爸做事严谨，为人正直，非常仗义，又慷慨大方。这些也深深地影响着王选。从长大后的王选身上，我们也能感受到他谨慎、善良、爱国、仗义、大方的人格魅力。

妈妈的妙计

爸爸是一家之主,充满威严,做事很有原则;王选的妈妈开明平等、慈爱和蔼,并且富有智慧。

在王选童年的记忆中,印象最深刻的莫过于妈妈与老鼠斗智斗勇的事了。

小时候,王选最喜欢闻锅盖打开那一瞬间米饭扑鼻而来的香喷喷的味道,感觉就像是米饭的热气化作小精灵顺着鼻子进入了自己的身体里,所以,王选每天都主动去厨房盛饭。

"啊——这是什么啊?"有一天,王选正准备拿碗时,看见橱柜里有几颗黑色的东西,疑惑地大叫了一声。

闻声而来的哥哥姐姐们,看着这黑色的颗粒仔细研究了一番。

"我猜这是发霉的大米！"大姐王俭思考了片刻后说道，弟弟妹妹们都认可地点了点头。

王选却摇了摇头，他心想，这发霉的大米昨天还没有，今天怎么会突然出现而且发霉了呢？"我觉得这并不是发霉的大米，而且就算发霉也不会黑成这样呀！"王选反驳自己的姐姐。

王妈妈看着孩子们这样津津有味地研究着，走上前一瞧，捂着嘴笑了两声："孩子们，这可不是什么大米，咱们家可有大麻烦了。"

"大麻烦？"孩子们异口同声地问道，疑惑地看着自己的妈妈。

妈妈点了点头："没错，这几颗黑色的东西不出意外就是老鼠屎，咱家有老鼠了！"

"啊——老鼠！"哥哥姐姐们突然躁动了起来。"我最怕老鼠了！我们老师告诉我们，老鼠不仅会偷吃东西，而且会传播疾病。"大姐惊恐地说道。

没想到年龄最大的姐姐竟然如此害怕老鼠，王选问："妈妈，怎样才能消灭老鼠呢？"

妈妈拍了拍王俭的后背，摸了摸王选的脑袋，安慰他们说:"这老鼠我们是消灭不完的,它们很狡猾,非常怕人。不过,我们人多力量大,虽不能消灭,但可以将它们拒之门外!大家先去吃饭,吃完了饭咱们一起行动!"

"好嘞!抓老鼠喽!"大家激动万分,开心地回到了饭桌旁,大口扒拉着碗里的米饭,迫不及待地准备展开一场与老鼠的大作战。

吃完饭后,五个孩子全副武装,有的拿着盆子,有的拿着铲子、网兜,准备得很齐全。

"孩子们,老鼠在大白天一般是不会出来晃悠的,它们非常狡猾,喜欢在夜间出来行动。咱们现在的任务就是找到能够让它们潜入我们家的老鼠洞!"妈妈走到孩子们面前,说道。

孩子们听了妈妈的话后,便各自散去,在家中的各个角落找寻老鼠洞和老鼠留下的痕迹。王选心想,这些老鼠狡猾万分,一定不会在明面上行动,书上常写着老鼠会经常光顾下水道,于是王选便走到了厕所里去查看。

他挪开了扫把,一个拳头大小的洞映入眼帘。"我找到了,我找到了!"王选开心得直跺脚,大声呼唤着。哥哥姐姐们和妈妈连忙来到了王选这儿,看到了厕所墙脚的老鼠洞。

"这样大小的洞,咱们用什么堵比较好呢?"大姐王俭疑惑地问妈妈。妈妈指了指天井:"那边有水泥,我们就用水泥堵上。"

王选的大哥连忙跑到天井那边去调制水泥,调好了之后,二哥接过了水泥仔仔细细地把老鼠洞给堵上了。

"大功告成!"二哥堵完老鼠洞之后,拍了拍手和身上的灰,大家也开心地鼓起掌来。"噢!老鼠再也进不来喽!"

可出人意料的事情还是发生了。第二天早上吃早饭的时候,王选发现这次橱柜里不仅仅有老鼠屎,馒头还被啃掉了半个,他知道这一定又是老鼠干的好事,于是去厕所看了看他们用水泥封住的老鼠洞。

"妈妈——"王选大叫了一声,哥哥姐姐们立刻围了过来,他们惊奇地发现,那个被水泥堵住的地方竟然又出现了一个洞。

"老鼠竟然把水泥都给啃穿了!"大姐王俭惊

妈妈的妙计

讶地说道。

妈妈走上前去,用手指戳了戳洞口,发现水泥还是软软的。"我明白了,这些狡猾的老鼠啊,趁着水泥还没干透,就又把水泥给咬穿了,让我好好想想这该怎么治。"妈妈四处望了望,看见了放在厕所门边的敌敌畏,她想到了一个好办法。

王妈妈又让王选的大哥去调了一盆水泥,一边加水一边往里面加入了敌敌畏。她还砸坏了一个玻璃杯,并把玻璃碴儿也倒进了水泥里。

王选疑惑不已:"妈妈,您为什么要这么做呀?"

妈妈笑了笑,耐心地解释道:"用这样的'特制水泥'堵上的老鼠洞,虽然有些软,但散发出的敌敌畏的气味让老鼠不敢咬。等水泥干了,敌敌畏的气味挥发了,老鼠又会来咬,但这时,混入水泥的玻璃碴儿就会起作用,老鼠没咬几下就会被玻璃碴儿刺疼了嘴,以后再也不敢咬了。"

用了这个方法之后,王选的确没有在家中再发现老鼠的任何痕迹,他对妈妈敬佩不已,由衷地崇拜妈妈的智慧。

王选的妈妈是一个慈爱宽厚、聪敏贤淑、勤劳能干的人。在王选之后的科研道路上，他也经常会用到从母亲身上学到的相互结合的思考方法，为他解决了很多的难题。

幼儿园里的大公鸡

那是下午幼儿园的最后一堂课了,小朋友们都乖乖地站在幼儿园的操场上,等待着老师挨个儿发点心。一道绿色的大铁门另一边是一个小花园,花园里养着一只大公鸡,昂首挺胸地来回巡视。

每天分发点心的是当天的值日生,只见一个胖胖的小男孩从桶里拿出一包饼干递给了王选。王选记得老师以前所教的,伸出双手接过了饼干,甜甜地说道:"谢谢你,值日生。"

值日生点了点头,正从桶里拿出下一包饼干准备递给下一位同学时,被老师打断了:"停,小胖,你是不是忘记了什么?"小胖一时没有反应过来,疑惑地用手抓了抓脑袋:"忘记了什么呀?"

"我对你说了'谢谢',你要说'不客气'。"王选提醒道。老师连连点头,小胖有些羞涩:"哎呀,不好意思,我忘记了,我们再来一遍。"

"没问题,那就再来一遍。谢谢你,值日生。"王选再次说道。

"不客气,王选。"小胖大声说。

老师欣慰地笑了笑,她觉得礼貌这件事确实要从小就好好地培养。一个真正懂礼貌的孩子才能够在将来受到更多的尊重。

小朋友们拿到了点心,一半自己吃掉了,还有一半就是要喂给铁门那边的大公鸡,王选也是如此。

小胖吃了一大半后,正准备把剩余的饼干全都倒在大公鸡的面前时,被王选拦了下来。"等等,小胖!"王选大声对小胖说。

小胖对着王选笑了笑,把剩下的饼干递给了王选:"王选,你是不是还想吃?那我就把剩下的这些都给你啦。"

"不不不,我已经吃好了,你是不是准备把剩下的饼干都喂给大公鸡呀?"王选问小胖。

小胖点了点头，王选指着大公鸡面前的地上说道："你看，那些大块的饼干，大公鸡根本没法啄，我记得我妈妈在家里喂鸡吃的都是特别小的米粒，我想，我们在喂大公鸡之前是不是应该先把这些饼干弄碎呢？"

小胖重重地点了点头："我觉得你说得很有道理。"说完便和王选一块开始揉搓袋中剩下的饼干，等饼干碎得差不多的时候，王选和小胖把碎末儿一起倒在了大公鸡的面前，只见那平时昂首挺胸、严肃巡视的大公鸡，一下子低下了头，脑袋一上一下津津有味地啄食着那些饼干碎末儿，王选和小胖见状都开心极了。

可还没等大公鸡吃完，突然蹿出了一只黄色的有着小小的脑袋、长长的身体和长长的尾巴的动物，随着它跑过，还伴随着一阵恶臭。小朋友们看见这不明动物都害怕得立刻跑到了老师的身边。

幼儿园老师解释说："大家别怕，它是黄鼠狼，你不去招惹它，它就不会来伤害你的。"还没等所有人反应过来，只见那黄鼠狼以闪电般的速度，出其不意地攻击了大公鸡，一口咬住了它的脖子，把大公鸡拖走了。

孩子们看着这突如其来的情景，哭了起来，哭声此起彼伏，王选也非常害怕。他们刚刚还在喂的大公鸡就这样被黄鼠狼抓走了，但是他忍住了眼泪，心中迫不及待地想要自己的爸爸快点来接自己。和大家一样，小王选每天最盼望的时刻就是傍晚等待父母来接他回家。

夕阳西下，爸爸妈妈都来接自己的孩子了，每个人都手脚并用，向父母绘声绘色地讲述了大公鸡的遭遇。可王选依旧眼巴巴地在门口盼着父亲的身影，这时委屈便油然而生，盼出了眼泪。

爸爸终于来了，王选从爸爸那里知道了，原来黄鼠狼会散发出一股臭味，它们虽说会吃鸡，但也是捕鼠能手。从那以后，王选便再也没有怕过黄鼠狼了。

一年后，王选升入了小学。刚上学没多久，王选就对语文产生了极大的兴趣。

"王选，这次你的语文成绩又是全班第一名，所以我帮你报名了学校的作文比赛，你要为我们班级争光哟。"王选的语文老师在办公室对王选说道。王选点了点头，他在心里希望自己能够取得优异成绩，为班级争光。

在作文比赛中，王选写的是父亲让他保留印有中国军人画报的故事，文章绘声绘色，生动感人，他也在作文比赛中得了优胜奖。

促成作文"好看"的关键因素就是真情实感。所有佳作，无论写作风格如何，都倾注了作者独特的真情实感。一篇文章之所以能够打动人，自然也是源自作者笔下汩汩流淌着的真情实感，悄悄地感染着读者的内心。老师们都被王选和他爸爸的爱国之心打动，所以给了王选的作文优胜奖。

在数学方面，王选自从有一次考了五十分以后，就奋发图强，把做过的所有题目举一反三，没过多久成绩就赶了上去，整个小学他的数学成绩一直都名列前茅。

在王选的印象中，学生时代记忆最深刻的是他的自然课老师陈友端。那是一个瘦瘦的、有着络腮胡子、戴着眼镜的男老师，他总是用生动有趣的讲课方式教给孩子们知识。

抗战期间，美国朝着日本丢了两颗原子弹，班上的一位同学问陈老师:"老师,美国的科学是不是特别特别发达,领先了中国很多呢?"

陈老师听后皱了皱眉头,并没有直接回复他,而是慢慢地说道:"这样,你们听我讲一个故事就知道了。现如今美国的自动化很发达,他们那边的人吃饭也是自动化,不用刀叉,用一个机器把东西送到嘴里。有一次,一家主人请客,菜里有一只鸡,客人啃鸡骨头啃了很长时间,结果后面的食物因为是定时送上来的,就从机器里喷了出来,弄得客人浑身上下全是奶油、蛋糕和骨头,狼狈万分。"

班上的同学们听了陈老师讲的这个故事后都笑得前仰后合,虽然后来他们也知道这是陈老师编的故事,但王选也正是从那个时候起,被激发出了对科学的热爱。

听戏悟出的道理

炎热夏天的午后,屋外的树木顶着强烈的阳光站得笔直,就像一个个坚强的勇士,只有树上调皮的叶子渐渐蜷成了小卷,蝉发出有气无力的叫声,好像它们也受不了这夏日的太阳。

王选和哥哥姐姐们从小就生活在书的海洋里,父母为他们购置了成百上千本适合青少年阅读的书。每到暑假,吃过午饭后,王选都会和自己的哥哥姐姐们从房间里抱出自己的凉席,等妈妈把客堂里的地板拖干净后,把凉席整齐地铺到地上。这时候,爸爸会从房间里抱出一大摞书。

孩子们躺在凉席上,每个人手中都捧着一本书,就好像躺在一艘知识的小船里,徜徉在书的海洋，流连忘返。

一天午后，王选像往常一样拿起一本书歪倒在凉席上阅读，他突然发现手里拿着的竟是本戏曲杂志《京剧旬刊》，杂志中介绍了很多位戏曲大师，这是他第一次从文字上接触戏曲。

"爸爸妈妈，这本杂志里介绍的人物，是每天晚上唱戏给我们听的人吗？"王选单纯地问道。

爸爸笑了笑，告诉王选："没错，你每天呀，就是在他们袅袅的京剧唱腔中进入梦乡的。"

王选的眼里闪起了光，他打起了精神，突然对戏曲产生了浓厚的兴趣，缠着爸爸给他讲解和戏曲有关的知识。只见爸爸抱来了收音机放在客堂的桌子上，调试了一下，收音机上的指针移到了一个固定的地方，咿咿呀呀的声响便从收音机的喇叭中传了出来。

"是京剧！"王选激动地大叫。

"没错，这个频道每天都会放一些有关京剧的实况转播，爸爸和妈妈平时最喜欢听了。"爸爸温柔地看了看妈妈，妈妈会心一笑。

"那我以后也要和爸爸妈妈一起听。"王选开心地拍了拍手,开始津津有味地听起了收音机里的京剧。一听到熟悉的旋律,王选就立马跟着哼起来,词儿背得比课文还熟。跟着爸爸妈妈一块儿,戏曲成了王选的兴趣爱好之一。

有一天,王选一蹦一跳地回到家,开心得嘴巴都合不拢,吃饭的时候一直笑嘻嘻的,嘴里小曲也哼个不停。

王选妈妈问王选:"在学校发生什么开心的事情了吗?"

王选神秘地点了点头,却什么也不说。

"让妈妈猜猜,一定是考试拿了第一名吧?"妈妈好奇地问道。

只见王选摇摇头,然后立刻跑到房间里抱出了收音机,指着收音机开心地说道:"我同学和我说,今天城里有大户人家组织了空前绝后的堂会①,请到了许多京剧界的名角呢!"

"这收音机——"妈妈还未说完就被王选打断。"没错,今晚的堂会全程都可以通过收音机来收听。

---

① 堂会,旧时家里有喜庆事邀请艺人来举行的演出会。

我太开心啦！"王选眉飞色舞地说道。

他最喜欢的孟小冬的《搜孤救孤》还会作为压轴大戏。一想到这些，他就激动地叫了两声，引得哥哥姐姐们疑惑万分，还以为王选生了什么病。

晚上，全家人都搬来了小板凳，整整齐齐地围坐在收音机前面，心满意足地听着精彩的堂会。可因为时间太晚，还没等到最后一出《搜孤救孤》出来，王选便已呼呼地睡着了。

第二天一大早吃早饭的时候，王选突然意识到什么，问道："哥哥姐姐，昨晚是没有播那出《搜孤救孤》吗？"

哥哥姐姐们哈哈大笑，大姐王俭拍了拍王选的肩膀："弟弟，最后一出戏真的别提多精彩了，那赵氏孤儿的剧情真是比书里写的还要生动，只可惜你睡着去梦里见周公了。"二姐和大哥二哥在一旁应和着。

王选别提多难过了，用手敲打着自己的脑袋，后悔极了。"都怪我，我怎么能就这样睡着呢？唉，唉，唉。"王选连着叹了好几声气，他发誓以后再也不要因为睡觉而误事了。

长大后的王选确实养成了这样的习惯，他在做一件重要的事情的时候，总是会废寝忘食，全身心地投入。

王选家的天井是一个动物世界，爸爸妈妈都很喜欢小动物，所以家中鸡、鸭、兔、龟、鱼、鸽子、蟋蟀等应有尽有。

有一天放学回家，王选看见门口放着一个纸箱子，一打开发现里面是一只黑白相间的奶牛猫。王选轻轻地抱出了小猫，小猫立刻躲到了椅子下面。

"你别怕我呀，我又不会伤害你。"王选温柔地对猫咪说道。

只见小猫咪蜷缩在椅子下，葡萄般大的眼睛透出了一股灵气，懒懒的样子实在可爱至极。阳光照到椅子下面，它弓起了背，毛茸茸的脚垫向前一搭，夸张至极地伸了一个懒腰，眯着的眼睛一下子透出了灵光，如一位绅士步出了门外。只见它皮毛微微一颤，这灵巧的小家伙已经飞身上了屋顶，再抬起眼来却已寻不到它了。

"妈妈，妈妈，猫咪跑了，猫咪跑了！"王选看着消失的猫咪惊恐地大叫。

"别担心，它叫阿咪，乖得很，你敲敲这碗再唤两声，它定会回来的。"王妈妈递给了王选一个装着鱼肉的碗。

"阿咪，吃饭了，阿咪。"王选接过碗在地上敲了两下，那灵巧的小家伙果真一下子又出现了，并从房顶上跳了下来，一边喵喵叫一边来到了王选面前，大口大口舔食着碗里的食物。

王选喜欢这只猫，每次吃饭的时候都会特地留出几块肉偷偷地喂给阿咪；阿咪也喜欢王选，在天气好、全家人晒太阳的时候，阿咪就喜欢趴在王选的身上任他抚摸。原来，爱是相互的。

冬天，寒冷刺骨，王选怕阿咪冻着，便让它睡到自己的被窝里，半夜阿咪出去上厕所，上完之后还会钻进他的被窝。后来阿咪生下小猫阿黄，甚至还想叼着小猫进被窝。

因为家庭的和谐温暖和开明进步，王选和哥哥姐姐们在良好的家庭氛围之中健康快乐地成长着，长大后他们个个都取得了骄人的成绩。

小小班干部

王选小时候个头儿不高,甚至从小学到初中一直都是全班最矮的三名同学之一。但他长相斯文,眉清目秀,圆圆的眼睛透着一股聪慧和灵气。同时他的性格活泼,又热爱运动,班上的同学们都喜欢和他一起玩耍。

王选每天上课的时候都非常专注地听讲,所以每天放学后,他能够在回家后不到一小时的时间里把作业全部写完,然后溜出家门和同学们一起玩游戏。

因为王选个子不高,不太擅长竞技类的游戏,他偏爱一些技巧性的游戏,最拿手的绝技就是"打弹球"。

中华先锋人物故事汇　王选

每次写完作业之后，王选会偷偷溜到客堂，趁父母不注意，撸起袖子把一只胳膊伸进水仙花花瓶里，摸出几个花花绿绿的玻璃弹球，然后迅速放进口袋里。

"爸爸妈妈，我出去找同学玩会儿。"王选的话还没说完，就一溜烟地带着玻璃弹球跑了出去。

打弹球的场所是孩子们的"秘密基地"，之所以叫秘密基地，是因为那个地方人少，不容易被车辆和大人影响，但实际上那个秘密基地只是一片普普通通的泥地而已。

一个小小的玻璃弹球有好多种玩法。最经典的是撞球，他们会在任意位置安放弹球，以"石头、剪刀、布"的方式确定顺序，撞到对方的弹球，对方的弹球就能归自己所有。

这样的玩法玩腻了，王选便会从一旁捡来一根小树枝，然后在泥地上画出一条弯弯曲曲的路线，那路线就好像一条蜿蜒游走在泥地里的小蛇，他们的玩法就是让自己的弹球顺着这条路线向前走，谁的弹球走得远谁就能获胜。

只见那弹球好似从手中发射而出的一颗子弹，

有时听指挥，有时不听指挥，孩子们在一旁为自己的弹球加油，秘密基地里充满了欢声笑语。

这样的游戏需要很强的判断力和控制力，一有时间王选就会和朋友们在泥地里"开战"，渐渐便练就了一手绝技。后来，王选家水仙花花瓶里的弹球越来越多，都是王选在比赛里赢来的。不过当弹球积攒到一定数量之后，王选就会慷慨地把它们分发给朋友们。

王选在游戏中频繁获胜和获胜之后的慷慨，让他赢得了班上同学们的钦佩与尊敬，在竞选班干部的时候，大家都投王选的票，想让他当班长。

"你的字写得不错，画也画得不错，又是班长，那这办墙报的工作就交给你了。"班主任对王选说道。

王选点头答应，他心想，这是我的第一份"工作"，一定要做到最好。

那时的墙报不是现在的黑板报，而是把文章写在纸上，然后贴在墙上。王选的职责包括组稿、审稿，也要自己写稿。

王选收到的稿件，几乎都是字迹十分潦草的，那一个个汉字写得"龙飞凤舞"的。没办法，王选只得默默地将同学们的稿件仔仔细细地誊写一遍。

王选看着选出来的稿子，总觉得缺了点什么。王选利用周末回家的时间，悄悄溜到别的高中去"取经"，他突然意识到，自己办的墙报少了点吸引力。

为了增强墙报的吸引力，王选利用休息时间去图书馆查阅资料，四处搜集了许多智力测试和趣味数学题，还自创了一些文字游戏。比如，在"口"字上下左右分别加上一个字，它能变成什么字；"利"加一笔能变成什么字；"差"加两笔能变成什么字。

每期的墙报一经推出，王选他们班的门口总是被围得水泄不通，大家都被这些字谜和测试吸引，猜得不亦乐乎。

因为成绩优异，并且班级工作做得好，王选成了班上第一个入团的学生，虽光荣，但更多、更繁杂的事情朝王选压来。

暑假的一天，王选在学校里一直忙到了半夜，看到天色已晚，并且第二天上午还要开会，他就在教室的地板上睡着了,一晚上没回家,这可急坏了家里的人。

那时已是深夜一点,妈妈还坐在客堂里担心着王选,王俭坐在妈妈身边陪伴着。

"王选呢?他怎么还不回来?也不知道孩子是不是出了什么事。"妈妈眉头紧锁,焦急万分,时不时就起身踱步。

大姐王俭安慰道:"这么晚还没回,我猜他一定是和同学去看夜场电影了,我们去找找看。"

妈妈点了点头,拉着大姐就往外走,大姐在出门前特地拿来了一块牌子,用毛笔写上了"寻找王选"四个字。

母女俩半夜赶到电影院,举着牌子,在黑乎乎的观众席间转了几圈,也没找到王选的影子。没办法,她们只好在大街上寻找王选的身影。

无声的黑夜还在蔓延,寒冷的风夹杂着王选妈妈和姐姐的担心,母女两人眼含泪花,依旧在空荡荡的街头寻找着王选。

王选第二天中午回家时,发现妈妈苍老了许多,才得知昨晚妈妈和姐姐上街寻找自己的事情,那时的王选意识到，无论自己多忙多累，都不能忘记他人的感受。

自那件事情以后，王选就算辛苦工作到晚上不睡觉了，也会跟自己的家人报个平安，不让他们担心。

长期的学生干部工作虽然占据了王选一大部分精力，但他乐于为班级奉献，因为方法得当、时间安排合理，他在学习上也丝毫没有马虎，王选的学习成绩一直没有受到很大的影响。

在一九五四年那个炎热的夏天，王选以优异的成绩，如愿考取了第一志愿——北京大学数学力学系。

美好的校园

王选从小到大一直生活在上海,这次去北京上大学也是他第一次出远门。透过车窗,他看着车窗外微笑着挥手告别的父母,鼻子微微一酸,心头突然间掠过一丝不舍,他舍不得家,舍不得爸爸妈妈。然而,一路上有同样怀揣梦想的同伴,离别的惆怅很快被激昂的欢声笑语所覆盖,青春总是与希望并肩而行的。

那时的交通没有现在发达,经过两天三夜漫长的颠簸后,终于到了北京。接站的校车满载着新生驶进北京大学的西校门,美丽的校园景色一下子映入他的眼帘。

王选惊呆了,那是他第一次走进一座这么大

的学校。石狮子、华表、拱桥、古木、湖光、塔影……每一处都像是一幅美丽的画卷。

这座创立于一八九八年的中国第一所国立综合性大学,拥有着雕梁画栋的皇家气派、兼容并蓄的文化风范,这深深触动了王选的心。

校园北与圆明园毗邻,西与颐和园相望。北大充分利用了这一难得的历史遗产,营造了风景如画的校园环境,使之既有皇家园林的宏伟气度,又有江南山水的秀丽特色。

这里不仅有亭台楼阁等古典建筑,而且山环水抱,湖泊相连,堤岛穿插,风景宜人。校园内古木参天,绿树成荫,四季常青,鸟语花香,园林景色步移景异。这里不仅有优美典雅的环境,还有丰富多彩、魅力无穷的校园生活,学生们欣赏自然风景的同时,还能感受到浓厚的人文气息。美丽的湖光塔影伴随着大师的背影,这正是燕园中最美的图画。

"震惊"二字,准确地形容了王选看到那些精雕细刻的大屋顶古建筑时的感受,因为在当时的上海,从未有过这类建筑。

王选在大学选择的是数学力学系,院系的职责便是带领学生们从中学的初等数学进入大学严密的高等数学。现如今的许多大学生在大学校园里都希望自己的高等数学不要挂科,可见它的难度之大。

但值得庆幸的是,王选一入学,就得到了名师的精心指导,顺利地跨越了这一门槛,迈入了高等数学的殿堂。

"解析几何"由江泽涵先生讲授,他头发花白,年过半百,是北京大学的一级教授。江老师总是在预备铃声响起之前就来到教室门口。

铃声响起时,他便会带着自编的油印讲义,穿着皮夹克,捏着两根粉笔缓缓地走进教室。

他不慌不忙地走上讲台,将粉笔轻轻地放在桌上,生怕弄折了粉笔。然后面带微笑,用他那好像会说话的眼睛平视一下同学们,将那只因捏了粉笔而显得枯瘦的手背在身后,往过道里走了下,似乎在看同学们课前准备得怎么样了。

课间休息的时候,江老师总会拿出一个烟斗,然后慢慢地抽。那味道会弥漫到整个教室,把班上所有人都笼罩其中。

江老师虽然看起来异常严肃，但实际上却格外和蔼可亲。特别是通过一次钢笔事件，王选对江老师的做法非常钦佩。

那天下课后，江老师批改完随堂作业，不小心把红钢笔遗留在了讲桌上。钢笔在那个时候并不是人人都有的，因此被班上一个家境贫寒的学生偷偷拿走了。

"有人看见我的钢笔了吗？"江老师在放学前特地走到教室，当着全班同学的面问道。

班上同学都齐刷刷地摇了摇头，江老师也并没有进一步翻看每个同学的座位，侵犯他们的隐私。

"我相信考进我们北京大学的孩子都是品行端正的学生，这样的错误一定只是因为好奇心作祟才犯的。不过，老师只是希望你们都能严于律己，做一个正直的人。"江老师说完后便离开了教室，教室里突然异常安静，好像每个人都在反思自己的错误。

第二天，当同学们关心老师的钢笔有没有找到时，江老师"哈哈"笑了两声，不好意思地解释说，昨天是他弄错了，其实钢笔就夹在其中一本教案里。

可到后来的同学聚会，王选才知道，原来钢笔果真是被班上的一位同学拿走了，听了江老师放学前说的那一番话后，那位同学反思了自己的错误，便带着钢笔偷偷地来到了办公室。

"江老师，对不起，是我拿走了钢笔。"那位同学把钢笔递给了江老师，羞愧地低下了头。

江老师和蔼可亲地笑了笑，摸了摸那位同学的脑袋，说道："没关系，这支钢笔老师送给你了。"

那位同学有些不知所措："我……我……"

"哈哈，你能主动勇敢地来到老师面前承认错误，就说明你的本性并不坏，只是需要正确的指导，这次就算是一个教训吧。"江老师安慰着那位同学。

那位同学虽身为一个大男子汉，但也有些被江老师所打动，泪花在眼眶里打着转，他有些话想说却又说不出口。

江老师见状又连忙说道："你放心，这是我们两个人之间的秘密，我不会告诉任何人的。"

那位同学很是感动，对江老师深深地鞠了一躬，手里握着钢笔，然后跑出了办公室。

天格外蓝，花也特别美，那位同学把那支"特殊"的钢笔攥得很紧。从那以后，王选的班上就再也没有出现过丢失东西的事件了，他们班还经常被评为优秀班集体。

教王选"高等代数"的，先是聂灵沼先生，后是丁石孙先生。丁老师毕业于清华大学，教他们时才二十七岁，可算是年轻有为。王选还听说北大的数学系代主任段学复不惜用六个人去换丁石孙一位老师来北大，可见他才华出众。

教授"数学分析"这门主课的是程民德先生，他讲课循序渐进，十分严密，培养了王选严谨的思维习惯。

王选在大学的数学学习中深深地喜欢上了数学，他和其他同学不一样的是，每一堂课除了上课听讲，他还会找来一本与教科书风格不同的参考书对照着自学，然后找出解一道题目的第二种方法，再把两种方法糅合在一起，融会贯通。

众多名师的引导，加上严格的数学训练，使王选扎扎实实地迈出了第一步,并为他后来做计算机应用研究奠定了重要基础。

可以说,大学四年的数学学习使王选深刻感受到了数学的奥秘。王选在后来研究激光照排系统最开始的阶段,正是由于他在大学时代打下的扎实的数学基础,才让数学与才华相结合,发挥出了它们共同的魔力,凭借一个"数字游戏",使遇到的重重困难迎刃而解,由此成了一位大家所钦佩的科学家。

面条闹出的笑话

在北京大学上学的时光里,虽然学习上有些紧张,可是在生活上却处处多姿多彩、轻松愉快。

北京在北方。与南方相比,这里无论是在天气还是在饮食上都有极大的差异。

北京的冬天,冷飕飕的风呼呼地刮着,光秃秃的树木像一个个秃顶老头儿,受不住西北风的袭击,在寒风中摇曳。

那时的冬天没有暖气,靠生炉子取暖,一个燃煤火炉把管子通到每个隔断的房间,让每一个房间都能暖烘烘的。

北方的饮食并没有给王选带来多大的不便,吃惯了米饭的他对包子、馒头一样来者不拒。不过这北方的语言，却让说惯了上海话的王选着实花了一段时间来适应。

当时的普通话尚未普及，就连上海广播里讲的都是上海话，在学校上课的老师讲的也是上海话，所以王选的普通话水平不高，一句话说完，对方要思考好半天才知道他的意思。

"其实我觉得这道题可以用这个方法写。"每次在小组讨论会上，王选用上海话讲出这句话时，小组成员们都会用疑惑的眼神望着王选。"等等，等等，你说什么？慢点来，再说一遍。"王选每次都会被这样的言语打断。

所以王选刚到北京时，不太敢在班上发言，尤其是小组讨论会上。

不过，好在同学们来自五湖四海，许多人的普通话水平还不如王选。但正因为大家都说着各个地方的方言，或是说着夹杂着各地口音的普通话，这大大提高了王选"辨别和听懂各地方言"的能力，这也算是一大收获。

在生活与习俗上，由于南北方的差异，王选还闹了点小笑话。

那是王选第一次去北京城里的饭馆吃面条。刚踏入饭馆,王选就被那香喷喷的面条味道吸引。

"老板……给我……来……一碗……牛肉面。"王选小心翼翼地用掺杂着上海话口音的普通话大声对老板说道,然后找了一个空位坐了下来。

"好嘞,先生,您要几两面啊?"老板问道。

王选突然被老板的问题难住了,他在南方吃面的时候,从来都是说"一碗面,两碗饭"之类的量词,用"碗"来计量。这位老板突然问几两面,他心中真是一点儿概念也没有。

"先生,您要几两面?"老板怕王选没有听清,又问了一遍。

王选一时尴尬不已,也不知道别人都是怎样点的,从嘴里慢慢地蹦出了几个字:"那就……先来一两吧。"

说完这句话,饭馆里其他客人都齐刷刷地抬起头盯着王选,王选一下子就意识到了自己好像点错了两数。

"小伙子,你这样年轻力壮,至少也得来个半斤。"王选身旁一位好心的老先生提醒道。

王选不好意思地摸了摸头，对着老板说道："老板，我说错了，我应该要半斤，初来乍到，什么也不懂，真是不好意思。"

当半斤香喷喷的牛肉面端上来的时候，王选才发现，这半斤面才能抵得上南方的一碗面。

后来到了困难时期，食品定量供应，王选才对"两"有了精确的概念。一斤等于十两，而一两等于五十克，相当于一个鸡蛋的重量。

王选所在的班是一个团结友爱的集体，同学之间无论谁遇到生活或学习困难，大家都会伸出友爱的援手，互帮互助。

北京的冬天格外寒冷，一般气温都在零度以下。大家每天上课都会裹着厚厚的大棉袄，可唯独班里唯一的党员王树桂家庭困难，天气转凉了都没有厚衣服穿。

王选召集大家商量，每人凑点钱买来了一条绒裤，还找了位班上心灵手巧的女同学绣上了"王树桂"三个字后，偷偷放在他的床头。

王树桂那天夜里回到寝室，冻得直哆嗦，刚坐下，便发现了放在床头的绒裤。"这是你们的裤子

面条闹出的笑话

吗？"他问同寝室的室友们。

室友们都摇了摇头，王选对他说道："这个，是我们全班同学为你准备的冬日温暖，你一定要穿哟。"

王树桂原本一直推谢，怎么也不肯接受，但他翻开裤腿，看到了里面绣着自己的名字时，眼泪便止不住地流了下来。

"谢谢你们，我真的太感动了！同学们对我的好，我这一辈子都不会忘记的。"王树桂一边哭着，一边拉着同寝室室友的手，感叹道。

"快试试合身不。"王选对他说道。

王树桂套上了裤子，裤子稍微有一点点大。"没关系，正好合适，只不过我要多吃点肉，长胖一点儿了。"正哭着的王树桂突然又傻乎乎地笑了起来。他穿着绒裤，挨个儿谢了每一位同学。

那个冬天不仅王树桂的心里是温暖的，看到他感动的样子后，王选和同学们的心中也充满温暖。

在大学里吃惯了食堂，偶尔改善一下伙食是大家的一大乐趣。

一阵凛冽的寒风吹来，让人不由自主地缩了缩脖子，想要从围巾上获取更多的温暖。这样的天气，吃什么好呢？这似乎困扰着不少人。

涮羊肉就是为王选和班上的同学们在这灰暗的季节抹上的亮红色的一笔。

当时所用的不是火锅，而是在桌上铸槽注水，各人在自己面前的沸水里涮着吃，这让当时没有吃过涮羊肉的王选感到惊奇万分。

挂着水珠的青菜，肥瘦相间的羊肉……夹起一片羊肉，放进沸水里，涮几下，等待八秒，夹起！放进调料碟中一蘸，再放进口中大肆咀嚼，那嫩滑的羊肉在口腔中翻转，肥而不腻，反而锁住了更多的汁液。每咬一口，便有汁液迫不及待地涌出，流经舌头，滑入喉中，仿佛全身的血液在沸腾。

大学里听京戏的机会不多，但碰上好的场次，痴迷京戏的王选也不会放过。有一次，一大批名角在北京展览馆演出，王选便一大清早就去排队，买好了票，和同班同学一起兴致勃勃地一饱眼福。

看完戏回到学校已经是深夜，校门关了，也不知当时是谁提议，大家翻墙而入，才顺利回到了宿舍。

王选就是在这样一个生机勃勃的大学校园里求索学习的，北京大学给了他最好的学习环境和最大的自由空间。

崭新的挑战

大学一、二年级，系里是不分专业的，同学们上的是一样的基础课，但是从大学三年级开始要分专业学习。因此，那一年对王选来说是非常重要的一年，他必须做出一个重要的抉择：学什么专业。

"今年我们北京大学数学系的学生，可选择的范围又扩充了一点儿，除了原有的数学、力学以外，还新增了计算数学方向。"老师在课堂上认真地介绍着他们的专业方向。

计算问题可以说是现代社会各个领域普遍存在的共同问题，科学、工业、农业、交通运输、医疗卫生、文化教育等，各行各业都有许多数据需要计算，通过数据分析，以便掌握事物发展的规律。

研究计算问题的解决方法和有关数学理论问题的一门学科就叫作计算数学。计算数学属于应用数学的范畴，它主要研究有关的数学和逻辑问题怎样通过计算机得到有效解决。

同学们都意识到现在学习的专业将会与之后自己所从事的职业密切相关，换句话说，其实选择专业就是选择自己以后要走的道路，选择自己的命运与前途。所以这至关重要的一步，一定要考虑得明明白白的。

数学专业，这门古老而又成熟的学科，既有完整严密的理论体系，又有等待解决的道道难关。

数学系里的很多同学从中学时就树立了勇攀数学高峰、摘取数学桂冠上璀璨明珠的伟大志愿，因此，他们在上大学后，数学专业便成了他们的首选专业。

如果选择了计算数学，那就意味着以后将要与计算机打交道了。

早在一九四六年，美国科学家莫克利和埃克特就发明了世界上最早的电子数字计算机；一九五一年，他们又研制成功了世界上第一台通用商业化计算机。但在当时的中国，计算机在人们心中还是一个遥远、神秘甚至陌生的梦想，没有人知道之后的计算机将会拥有怎样的发展前景。

计算数学当时在中国是一个新出现的学科，深入了解这个专业的老师本就不多，而且也没有一本像样的教材，应用性强于理论性，其中还包含着各种各样繁杂琐碎的技术，还有很多不确定性，因此并没有得到太多人的青睐。

"王选，你想选择什么专业啊？"王选的室友在寝室聊天时好奇地问道。

王选仔细地思考了一会儿，说道："其实，越是古老、成熟的学科，越是有完整严密的理论体系的学科，就越难取得新的突破。"

"那你是要选择计算数学了？"室友接着问道。

"没错，新兴学科往往代表着未来，越不成熟，留给人们的创造空间也就越广阔，发展前景也就越大。"这就是计算数学让喜欢挑战和开拓的王选十分看重的原因。

王选一聊到这些，心中便充满了抱负。"我还希望自己所学的知识能够直接服务于祖国建设，能够为发展国民经济发挥实际作用，我们只有把自己的工作和国家的前途命运联系在一起，才有可能创造出更大的价值。"

为了证明自己的观点，王选开始频繁进出学校图书馆，有两篇文章引起了他的注意。

一篇是钱学森对苏联的访问的思考，他提到苏联把计算机应用于人造卫星等航天工业，使其发挥了非常好的作用。

另一篇由中国科学院数学研究所数学逻辑研究组主任胡世华撰写。文章告诉我们，在未来的战争中，现代国防科技，包括航空航天、导弹等技术，应该通过数学逻辑、概率论、博弈论等数学理论与计算机连接，指挥作战，才更有能力去控制整个战争。

王选认识到，计算数学的发展方向与原子能、航天、国防科技等现代前沿科学密切相关，是一个非常有前途的领域。

所以，王选下定了决心，选择计算数学。对于这个决定，他有以下几方面考虑：

第一，从上大学以后，他就有了一个比较强烈的为社会服务的愿望。他不大追求理论上的完善，或者发表文章。在数学的纯理论方面，当时很强调"漂亮"，就是做证明、下结论时讲究非常简洁。王选侧重于希望自己的研究成果直接为国民经济做出贡献。

第二，他并不在乎这个领域有没有多少东西可学，没有东西可学恰恰说明有更多的空间需要开拓，发展的潜力更大。

第三，他并不讨厌烦琐的计算和具体工作。搞技术性工作，比如计算机、计算数学都非常烦琐，他恰恰不怕这些，不会在乎它的工程量和琐碎的地方。只要觉得这东西有价值、有意义、对国家有贡献，他就会不厌其烦。

王选选择了计算数学，这是他一生中第一次重要抉择，他由此感到无比自豪与高兴。

大学四年课程基本结束后，王选便开始上实习课。学校的老师决定与空军司令部第三研究所合作，改进"北大一号"计算机，作为王选与同学们实习课练习的一部分。

因为王选平时的成绩优异，对计算机设计有浓厚的兴趣，同时他思维敏捷，逻辑严谨，老师便把"改进机"的任务交给了王选。在自豪的同时，王选也感到了肩上的担子有多重。

那段时间，王选每天都会早早地起床去调试机器。外面还是黑咕隆咚的一片，王选便迷迷糊糊地从宿舍的上铺爬下来，摸黑拿了挂在床边的一件衣服，穿上就去了实验室。

在实验室里，王选一直专心致志地将全部精力放在调试机器上面，完全没有注意自己的穿着。

他从早上五点一直调试到中午十一点多，肚子饿得咕咕直叫，他才意识到应该去食堂吃饭了。

一出门，外面的阳光很强烈，他隐隐约约觉得上衣有些不对劲，好像从蓝色变成了黑色。不过，更大的问题困扰着他，他脑海中一直在琢磨着刚才调试机器时，移位寄存器为什么老是调不出来。

王选在去食堂的路上想到了一些解决办法，并随手从衣服口袋里拿出了钢笔进行记录，他觉得笔也细了一圈，王选以为是自己累糊涂了。

一进食堂，同学们便用异样的眼光看着王选，一位同学问道："同学，你穿的是谁的衣服啊？怎么这么短?"

王选的下铺室友看见了王选,便迎面跑了过来,大声说道:"王选,我可算找到你了,早上你走得太早,怎么迷迷糊糊把我的衣服穿走了?"

王选这才意识到,原来并不是衣服颜色变了,也不是钢笔变细了,而是自己摸黑把衣服给穿错了。

周围的同学们见状一片哄笑,王选的"马大哈"也因此出了名。

这次的实习课实践不仅让王选的基础知识更加扎实了,而且也大大加强了他的动手能力。更重要的一点是,王选对计算机设计产生了不可抑制的热情,等待他的也将是更加巨大的挑战。

学习好的秘诀

四年的大学生活真的是"美好、年轻、朝气蓬勃",给王选留下了许许多多美好的回忆。

北京大学得天独厚的条件为王选提供了良好的学习环境。王选在大学期间也形成了一套独特的学习方法,使他拥有了良好的思维能力和创造力。他对此做了如下系统的总结:

"第一,踏实、一丝不苟。我觉得对高中、大学的基础课程,不应该老问学这些课程有什么用,而应该认真学习,把基础打牢。比如说学数学,主要的教科书,每句话都要弄明白,尤其是每个定理的推导、每个原理的阐述,包括每个基本概念都要弄得一清二楚,一丝一毫都不能马虎。要严格、严格、再严格,培养一种严格的推理和归纳能力。假如这几方面能力不严格锻炼的话,今后从事科学工作就会遇到问题。无论是搞计算机、搞数学,还是做其他任何领域的工作,最最忌讳的就是不踏实,好高骛远,似懂非懂,这是学习最大的天敌。

"第二,要比较、鉴别地学习。一门课程如果有几种不同方面的内容,就需要比较、鉴别,把它们的优缺点加以比较,最好是能够把这些知识内容全部打通。你可以看参考书,但是要少而精,看参考书的目的在于鉴别、对比。我在大学三年级学习数学的时候花了很多精力。老师讲课用的是一种方法,可当时在别人的参考书里,用的却是一个完全不一样的方法,但内容大同小异,这就很有意思了。我当时仔细地学习这两种方法,将两者结合起来研究。通过这样一个比较学习的过程,我对这个概念的了解提高了一大步,而且感觉知识一下子就生动活泼多了。

"第三,做习题的方法。中学、大学习题量都很大,那么我坚持两条原则。第一条原则,做习题前一定要把基本概念弄清楚,绝不在还没有弄清楚概念的情况下很快去做题。这是很重要的,因为做题本身就是为了理解概念,同时掌握技巧。第二条原则,做习题不能搞题海战术。当然也不能强调少而精,关键在于做完习题以后要总结——哪些题目是同一类的,到底解决了什么问题,对理解哪个原理有帮助,掌握了什么技巧。特别是当你做题的方法和别人不一样的时候,你要总结,为什么自己的方法不一样,或者为什么自己做不对这题。这样在做下一个题目的时候,就可以把前面所掌握的技巧和方法推广应用过来。因此,经过思考和总结经验做十道题,可能会比你糊里糊涂做一百道题的效果更好,掌握的知识更牢固。

"第四,要边学习,边实践。我很赞成大家在学习的过程中动动手。无论是搞物理的或是搞数学的,尤其是搞计算机的,在假期中,玩玩计算机,编编程序,做点实验。实践不能盲目,一定要在正确的原理指导下进行,实践过程中要不断总结,对原理方面有什么新的想法和体会。动手对全面理解、掌握知识和提高自身能力很有帮助,这无论是对中学、大学还是对做研究工作都是很重要的。

"第五，要跨领域地学习。尤其在大学高年级和大学毕业以后，尽可能在年轻的时候能够跨两个领域学习和研究，因为两个领域的结合点往往是空白点。我记得美国数学家、控制论创始人维纳曾经说过一句话：'在已经建立起来的科学领域之间的空白区域上，最容易取得丰硕成果。'这句话我体会很深，我选择计算数学专业，就是数学和计算机两个方面的结合；六十年代初，我从事软件和硬件相结合的研究，研究软件如何对硬件产生影响，以及七十年代中期，从事激光照排系统的研究，将计算机技术应用于高精度汉字字形信息处理领域，都是在两个领域之间的空白区取得了新的成果。"

王选的学习方法中，积淀着王选几十年来深刻的经验总结，值得所有人学习。

一九五八年夏天，经过四年的大学系统学习，王选以优异的成绩毕业，到北京大学数学力学系工作。一年后，他被调到新成立的无线电系。

他开始沿着科研之路曲折前行，等待他的有奇峰，也有千百个深渊。王选选择了毫不犹豫地翻越山川，迎接无数接踵而来的挑战。

学习就像攀登一座藏着许多宝藏的大山,需要勤奋才能开辟通向山顶的道路;学习也像茫茫的汪洋大海,只有辛苦努力才能泛舟其上。

研制"红旗机"

秋风在优美的燕园里穿行着,清澈的未名湖湖面上泛起了层层涟漪。王选留校任职后不久,便遇到了一个更大的挑战——设计新型计算机"红旗机",这便开启了王选一生中最"狂热"的阶段。

"这台每秒可进行一万次定点运算的计算机'红旗机'如果研制成功,它的运算速度就可以列入世界前十名。"张世龙老师这句话一说完,就获得了大家热烈的掌声,王选握紧了拳头,默默下定决心,一定会尽自己的全力去研制它。

虽说大家都热情高涨,学习劲头十足,但几乎没有人懂得计算机原理,懂电路的人也不多,不经过培训,是无法参加研制工作的。

"我觉得咱们学校应该组织一个学习营，换句话说就是计算机培训班，这样我们才能深刻地了解嘛。"一位学生提议道。

张世龙老师点了点头，说道："我觉得这位同学说得挺有道理，让我们教师组回去好好商量商量。"后来，张世龙老师便临时组织了一个培训班——红旗营。

但是计算机研发是一门尖端学科，这绝不是一场群众运动，也不能依靠一大批人一朝一夕来"大干一场"，所以红旗营在短短几个月内就结束了。

尽管红旗营被解散，但是近几个月的学习和实践已经为各所学校培训了计算机研发的骨干，许多学校也相继开设了计算机课程。红旗营已成为传播计算机技术的种子基地。

五一劳动节前夕，百花争艳，春光正好。

"张世龙老师，这是我这些日子做出的'红旗机'的逻辑设计，你看看。"王选把设计书拿给了张世龙老师，这也意味着经过夜以继日的紧张工作，"红旗机"的逻辑设计终于顺利完成。

张世龙老师看完了设计书，露出了欣慰的笑

容,他对着王选鼓起了掌:"王选,你在没有外来经验可参考和借鉴的情况下,思路灵活,逻辑严谨,算法准确,如此复杂的设计,只出现了两处小错,实属不易啊!"

王选有些不好意思,他对那两处小错还是感到有些惭愧,但是因为受到老师的表扬与肯定,王选对于"红旗机"的研发信心大增。

"王选,你看怎样才能解决整形电路这一难题啊?"王选的同事遇到难题后便拿去找王选商讨。

而这个问题也让王选回想起了上大学时的一次经历。

那是一个炎热的夏季夜晚,学校组织在东操场看电影,看完散场时,由于出口很窄,成百上千人只能一个挨着一个地慢慢往前挪。可天气炎热,排队的过程中大家都热得不行,豆大的汗珠一颗颗地往下滴。

"跟我走。"王选突然对着自己的同学们说道。

同学们一脸疑惑地问:"跟着你,走到哪儿去啊?"

"我呀,我这是溜边策略。"王选说完,便带着同学们绕过了中间的人群来到了操场出口的最边上，不一会儿就和同学们一起走出了操场，早早回到了宿舍。

也正是因为这次的经历，王选意识到整形电路其实也可以参照这个方法，用独特的设计绕过整形电路，使这一障碍得到解决。

王选每次在遇到问题的时候都能够有异于常人的思维方式和解决办法，这和他善于思考和灵活机智是离不开的。

王选和同事们分头进行任务的处理，将整机设计顺利完成，而后机房布置、插件生产和电源安装基本就绪，便开始了"红旗机"的全面组装。

十月，秋风送爽，在经过一个暑假的埋头苦干后，"红旗机"终于组装成功，下一步，就是联机调试的关键阶段了。王选像一台开足马力的机器，狂热地加速运转着，甚至到了忘我的地步。

对"红旗机"进行调试的那年，是王选最紧张的一年。他早晨进实验室，经常会工作一天一夜，然后睡一会儿，再继续工作一天一夜，没有休过任何一个节假日，没有任何娱乐，连处理个人私事的时间也没有。

整整一年，王选都处于高度紧张的状态，除了吃饭、睡觉以外，全部时间是在实验室里度过的。

虽说王选和同事们都尽心尽力地为"红旗机"忙碌着，但令大家担心的事情还是发生了。因为"红旗机"使用的是自主设计制造的国产元器件，所以在电路和工艺上存在着很大问题。

王选和同事们每天都需要做的一件事就是"打鬼"，也叫"捉鬼"。因为元器件的毛病比较多，所以王选他们就需要把这些毛病找出来。他们拿着一个小锤在后面的插件上轻轻地敲打，因为插件有虚焊点，或者元器件不好，这么一敲，它就会马上停下来。

对于存在的诸多问题，王选一直在向同事们传达自己的观点：一定要扎扎实实地抓工艺，一丝不苟地对待每个细节。

上万个焊点王选都一个一个认真地检查，不放过一处纰漏。

机器二十四小时不停机地调试，大家分成日夜两班，每天至少调机十二小时以上。王选待在机房里不分昼夜地工作着，导致睡眠严重不足。

因为长期缺乏睡眠，王选开始说胡话。

"阿咪，快下来。"王选想到了孩童时期的猫咪，便脱口而出，引得身旁的同事很费解。那个时候，王选脑子里只要是想到什么，那些话语就立刻从嘴里冒了出来。不过话一出口，王选立马就清醒了。

后来，很多人都犯过困，说过胡话，不过一到夜里，王选立马就精神了起来，在他心里，这是一种责任感的驱使，他就想着机器要调试好，这是硬碰硬的工作，一定要把它完成。

这样的一种压力，促使着王选不断开动脑筋，他想出各种各样的办法来解决面临的具体问题，把所有的能量都发挥了出来。

一九六〇年五月一日下午，激动人心的时刻到了。控制器的信号灯不断地发出指令，四十位运算的氖灯不停地闪烁，"红旗机"轻快地算出了第一道题目——一个十次多项式的结果。

接着，"红旗机"又算了几道小题，全都准确无误。王选和同事们欢呼雀跃："太棒了！'红旗

研制"红旗机"

机'终于'活'了！"王选和大家十八个月的美梦也终于实现了。

那些参与此项目的年轻人也就二三十岁，他们看着自己日夜拼搏、亲手设计出的计算机，实现了快速的数学运算，每个人都由衷地感到了激动和自豪。

此时此刻，他们终于取得了"红旗机"研制的阶段性胜利。

那年夏天，王选被派往内蒙古大学出差，帮助调试一台计算机。

在北京开往呼和浩特的火车上，王选一上车便趴在座位前的小桌上睡着了，那一觉，是他睡得最香的一觉，昏天黑地，他也不知道睡了多少个小时，只知道那是他半年来睡得最长的一次。

用尽全力

"走,去吃田鸡炒面?"每次只要办公室里有一位同事这样问,就会引起大家热烈的反应。北京大学小南门对面的长征食堂有时会卖田鸡炒面和肉丝炒面。这些美味佳肴为一直吃食堂的他们带来了太多的乐趣。

每次王选和同事们去校门口加餐,只要那天有田鸡炒面,每个人都会立即点上半斤。"老板,一人来半斤。"然后头也不抬地吃完,这炒面在他们眼里简直就是天下无双的美味。

"我们研制'红旗机',身体亏损严重,吃饱了正好回去睡一觉,把今天的营养全部吸收,改善一下身体。"王选的同事们经常这样感叹道。

可王选虽然点头，心里想的却是：今天好不容易饱餐了一顿，有了能量，可以比平常多看一个小时的书。加完餐的晚上，王选都会看书看到很晚。

长时间的劳累和饥饿彻底拖垮了王选的身体。那天早上，王选本想早早起床去图书馆，可脑袋像一块重重的大石头，怎么也抬不起来。他的胸口也好像有东西一直压着，呼吸有些困难。

王选的同事见他面色苍白，担心极了："王选，你感冒了吗？"

王选有些难受，就连说话的力气都要攒很久："我……大概是感冒了，身体实在是不舒服，今天你能帮我代下班吗？我就在宿舍躺会儿。"

同事看王选的状态不对，皱了皱眉头："代班当然没有问题，可生了病也不能拖，你今天就去医院好好检查，开点药吃吧。"

王选轻轻地点了点头，他想着如果躺一会儿能缓解一点儿就不去医院了，学校里还有一大堆的事情等着他去解决。

可是休息了半天的王选丝毫不见好转，而且越发严重。这原因就在于连续三年的劳累，尤其是最近一年超高强度的工作，完全超出了正常人所能承受的极限，况且王选平时也不懂得保养身体，保持体力。

王选的情形就好像是打仗的时候全部心思都放在冲锋上，中了子弹却完全不知道，实际上身体内部已经损耗很大了；又好像是长跑，跑了很长一段时间，已经累得很厉害了，到了最后，又要靠第二次力量来冲刺，王选已经把第二次力量也用枯竭了。

没有办法，王选只好挣扎着起床，拖着沉重的身体去北京大学第三医院看病。

可最让人担心的是，王选的病无法确诊。

"这可能是一种凶险的胶原病，名字十分可怕，叫'红斑狼疮'，可不知为什么，化验的血液里却找不到红斑狼疮细胞。"北医三院的大夫告诉王选，"你这个病，回去以后，千万不能接触阳光，即使是阴天出门也要戴上帽子。"医生叮嘱着王选，还给他开了许多治疗红斑狼疮的药。

治疗了一段时间，阴冷的冬天都已经过去了，王选的病却一点儿都没见好转。没办法，他只好转到别的医院去试试。

王选又来到了中国医学科学院阜外医院,那儿的胸内科主任是当时国内的权威医生,同样诊断王选得的是一种胶原病,但不是红斑狼疮,而是"结节性动脉周围炎"。

这两种病在那个年代都是很难医治的重病,尽管王选吃药打针,用尽办法,最后甚至用上了激素,但始终低烧不退。

王选的一位同事看着王选也心疼不已:"王选,你都病了这么久了,学校的食宿和起居条件都不太好,我寻思着,其实你可以回趟老家,等病养好了再来学校。"王选的同事们都真诚地给王选提建议。

王选思考了好一会儿,又想了想自己痛苦不堪的身子,采纳了大家的建议,于是向学校提出了回上海治病的请求。学校批准了他的请求,为了看病方便,还同意王选把户口也暂时转回上海。

一九六二年六月里炎热的一天,王选抱着自己的行李,拖着沉重的身体,在同事们的搀扶下缓缓地登上了回家的火车。

同事们看着车窗里虚弱的王选坐在那里,心中充满了同情与怜惜。平日里的王选是一个性格温和、聪敏活跃又认真勤劳的人,想到他前途未卜,大家都难过极了。

王选也透过车窗看到了表情凝重的大家,便想着要活跃活跃气氛,于是慢慢抬起了胳膊,朝着大家挥手:"毛大,同志们,永别了!"

"王选,你可别瞎说!"王选的同事毛德行连忙制止。

王选的这一句话,不仅没让大家开心,而且让几乎所有人的眼泪夺眶而出,大家都舍不得这个好朋友、好同事、好榜样呀。

经过了长途跋涉,王选终于回到了自己离开已久的温暖的家,石库门的房子一点儿没变,变的只有爸爸妈妈的年龄与样貌,皱纹渐渐爬上了他们的脸颊,他们的身材矮小了许多,头发里也多了许多银丝。王选意识到,爸爸妈妈已经老了。

王选的妈妈看见了弱不禁风的王选,十分心疼:"孩子,你就是累病的。上高中的时候,你也忙,可不管多晚回家,都能吃到我给你做的夜宵补身体。可现在你远在北京，别说夜宵，就是饭也吃了上顿没有下顿，能不生病吗？"

王选一听到母亲说这些话，突然油然而生了一丝丝委屈，但又被一种更强烈的情感覆盖："妈妈，我做这些都是为了国家，我想让国家变得更好啊。"

王选妈妈的眼睛里泪光闪闪，她安慰道："也不要紧，咱们有病治病，一定会没事的。"

听了母亲的话，王选好像一下子又回到了小时候，一下子又有了小时候在家里才有的那种依赖感。

回到上海后，接下来的事情又是跑医院，医生需要了解王选过去的病情，可是病历本落在了北京的医院里没有带回来。

好在王选的记忆力强，他根据回忆，自己写了一份详细的病历，上海的大夫拿到手都会疑惑地问道："你以前是在医院工作的吧？病历写得那么专业。"

"我啊，我是搞计算机的。"王选有些不好意思。

医生一听他是搞计算机的，便恍然大悟：

"原来如此,难怪逻辑如此严谨,用词也这样准确呢。"

可是,上海的大医院和北京的大医院一样,还是无法断定病因。后来王选的二哥打听到了一位姓包的中医,中医把了把王选的脉,说道:"小兄弟,你来得有些迟了,不过也可以试试。"

王选吃了中药,开始的两周没有好转,然后慢慢地竟奇迹般地好转了。原来王选是由于过度劳累,导致功能失调和自主神经功能紊乱,只要好好休息、悉心调理就能慢慢康复。

王选的妈妈听了医生的话,便亲自抓药熬药,此外,每天都尽量给王选换着花样做各种各样的饭菜,甚至还找人去买昂贵的甲鱼来给王选补充元气。

母亲的悉心照料和坚强给了王选很大的信心。他越来越相信人的生命力是很旺盛的,会随着他自身的抵抗力而增强,完全有可能治愈一些被认为是无法治愈的可怕疾病。

闲不下来的人

王选回到家也闲不下来,一有空闲就研究从北京带回来的资料。

母亲看到后,原本温柔的她一改常态,眉头紧锁,放下手里的事情,然后走到王选面前,一把抢过王选手中的资料,严肃地说:"你的病还没有好,等你康复了再开始研究,这些资料我先替你收着。"

没办法,王选只得好好听妈妈的话,这段时间他确实好转得比较快。

王选是个不甘碌碌无为的人,身体一有好转,他就又想到了中断的文献研究。每次妈妈去厨房烧菜的时候,他就偷偷溜到妈妈的卧室里,拿出资料看上几分钟,这样才满足。

每天上午,王选最常做的一件事就是搬个小板凳坐在天井里晒太阳,阳光洒在头上、肩上,沐浴在阳光下的王选,能够放松心情,驱散脑海中的所有杂念。

"王选,你同事来找你了。"王选妈妈笑着从门口走来,叫醒了正在太阳底下休息的王选。

王选抬起头睁开了眼睛,摇了摇头又揉了揉眼睛,生怕是自己的幻觉,缓缓又惊异地说道:"陈堃銶?"

只见一个身材消瘦的女孩来到了王选的面前,问道:"王选,你的病好点没有?"

王选愣了半天才反应过来,又有些不好意思地说道:"好……好多了,你怎么来了?"

"我呀,学校放了年假,我就回来探亲了。我老家也是上海的,我们大家都很挂念你,所以特地来看看你恢复得怎么样了。"陈堃銶回答道,并且还提来一筐鸡蛋。

陈堃銶的这次来访着实让王选高兴不已,他激动地对陈堃銶说:"等我病好了,我最想做的就是继续熟悉软件,将软件和硬件相结合,还得麻烦你帮我找找这方面的资料了。"

陈堃銶点了点头,她看到在家养病的王选内心还想着科学研究的事情,发自内心地对他产生了一种敬佩之情,在那之后她便尽全力帮助王选寻找资料,最让王选开心的是,陈堃銶还为他搜集到了许多外国文献。

虽然王选以前读过大量的外国文献,并且他的英语水平是系里最好的,他不用字典就可以轻松地阅读英语专业书籍,但他发现自己的阅读速度总是很慢。他在家里偷看陈堃銶为他收集的外国文献时,这种感觉更加强烈。

王选反思,他在读一篇文章或一本书时,有很多时候基本没有什么生词,但是看的速度就是不快,不能做到像看中文书籍那样一目十行地浏览,王选认为是自己的反应能力不够快。

于是,王选决定趁着在上海养病的时间,好好在家中锻炼英语听力。

王选在阁楼上看到二哥的一台短波收音机,欣喜若狂,因为收音机可以搜索到不同类型的广播节目。王选摆弄着收音机,很快就找到了北京广播电台的外语广播节目,每天都准时收听。

"当我第一次开始听的时候,我总是有听不懂的单词。后来,我听得越多就越熟练。再后来,我经常听四五分钟才会遇到一个新单词。"王选每当和大家谈起他学英语的经历时都非常自豪。

后来,王选就上瘾了,开始找外语广播。很快,他发现了未受干扰的英国广播公司(BBC)的英语广播节目,该节目每天下午五点十五分到五点三十分播出十五分钟的新闻,随后是一些科技节目。

这个节目的发音比中国的外语广播更准确、更难,这也刚好符合王选的要求。

在接下来的两年多的时间里,王选坚持每天收听半个小时的英语广播。他的听力水平得到了很大的提高,英语阅读速度也明显加快。他终于能够在读英语文献时一眼看过去就能读几行字,像读一本中文书一样,而且他的口语能力也大大提高了。

一九六三年夏天,王选觉得身子稍微有些力气了,便会花上半天时间,坐车到上海图书馆看文献。那个时候，气温经常高达三十九摄氏度，虚弱的王选挤在满是乘客的公共汽车上，汗如雨下。可是，到了图书馆也没有空调，闷热难耐。与别人不同的是，王选每当看到那些资料，就会忘却所有，如饮琼浆，如沐清风地沉浸在文献的海洋里。

王选一边看着陈堃銶从北京带来的资料，一边看着自己在图书馆找到的文献。资料不仅仅是资料，也是王选的精神寄托，正是这些资料、这些文献，把求知若渴的王选从"鬼门关"里拉了回来，不过，这其中还少不了"爱人"的相助。

爱的力量

一九五八年至一九六〇年期间,中国掀起了计算机发展的浪潮,王选是计算机硬件的主要设计者。在这样一个火热的年代,似乎每个人都有强烈的责任感。

陈堃銶对王选的这句话印象极其深刻:"当时都玩命了,经常是连续工作一天一夜,最紧张的时候四十个小时都不睡觉。熬完通宵回到宿舍,还没解开衣扣就睡着了。"王选这种无私的奉献精神让陈堃銶深深地敬佩。

三年经济困难时期,王选饱受饥饿之苦。陈堃銶无法想象王选是怎样度过的,她只清楚地知道王选经历的这一切都是为了科学,为了北大,为了国家。

　　王选在陈堃銶的眼中始终是一个对科学研究近乎狂热的人,就算是卧病在床,王选也一刻不停地研究资料。在二十世纪六十年代初,因为我国资料的缺乏,他研究的计算机高级语言编译系统在国内鲜为人知,甚至在国外都还没有被推广。陈堃銶知道王选对资料的渴望,便千里迢迢为王选带了一份珍贵的英文资料——"ALGOL60"修改报告。这是国外新研制出来的一种计算机高级语言,像"天书"一样,国内没有几个人能完全读懂。

　　可这天书对束手无策、焦急万分的王选来说简直是雪中送炭。王选一边研究着这份来之不易的报告,一边对这位提供资料的"小老师"——数学系年轻女助教陈堃銶产生了一种特殊的情愫。

　　他仔细回忆着与陈堃銶过去交往的一幕幕,心中充满了温暖与幸福。陈堃銶比王选高一个年级,一九五七年毕业留校后,曾经辅导过王选他们班的计算方法和程序设计课,也就是从那时起,他们俩之间产生了千丝万缕的联系。

　　在上海养病的日子里,王选总是能收到陈堃銶为他捎来的珍贵资料，坐在桌前的他铺开了信纸，决定给陈堃銶写下他有生以来的第一封情书。

"你愿意和我在一起吗？"这是王选写给陈堃銶信中的最后一句。

王选不知道陈堃銶收到这样一封信之后会怎样回复，本来自己的身体就不是很好，这样着急地想要建立恋爱关系是不是太过冒失？他的心中忐忑不已。但让王选万万没有想到的是，他很快就收到了陈堃銶的回信。

"同意发展两人之间的关系。"陈堃銶在信中对王选回应道。

王选欣喜万分，等到他病情稍微好转了一些，就迫不及待地从上海回到了北京大学的校园里，同陈堃銶一起继续埋头钻研计算机。

一九六六年，一场浩劫深深影响了在北京大学钻研计算机的王选。他因为出身不好，被划为"黑五类"，还因为学习英语而经常收听外语广播，被定为"修正主义苗子"，安排在京郊昌平分校进行"学习"教育。

那段孤寂闭塞的日子，王选过得很是艰难。可陈堃銶的到来总是像冬日的太阳，温暖地照耀着王选的心灵。陈堃銶怕王选吃不好、睡不好，每次前来都会带上罐头、点心，并且为王选打扫凌乱的房间，洗洗衣服，晒晒被子。在王选眼里，陈堃銶每次到来的温馨时光总是一转眼就过去了。

在这偏远的郊区住了没多久，王选的病就复发了，并且日益恶化。王选连自己的日常起居都难以自理了，倘若得不到很好的医疗护理和照顾的话，等待他的可能就是病故在昌平了。

陈堃銶看着病重的王选，很是心疼，就在这山穷水尽之时，她下定了决心对王选说道："我们结婚吧！"

王选觉得陈堃銶这话是在安慰已经病重的他，叹了口气，说道："我已经病成这样了，不想连累你了。"

"跟我回北大，让我来照顾你。"陈堃銶一边摇着头，一边拉起了王选的手说，"我们结婚之后，我就可以名正言顺地照顾你了，别人也说不上闲话。"

"堃銶！……"王选听了这番话，被重情重义的陈堃銶感动得几度哽咽。

但王选要和陈堃銶结婚的消息一经传开,他们身边的同事们便议论纷纷。

"王选?没听错吧?你为什么要找个病恹恹的人结婚啊?"

"你的终身大事为什么决定得这么草率啊?三思呀!"

"你条件又不差,又不是找不到伴侣了,为什么想嫁给王选啊?"有些人很不客气地对陈堃銶说道。

但是这些流言蜚语并没有影响陈堃銶的决定,因为她坚信,真正的爱情不仅能同欢乐,还能共患难;因为她清楚,王选这一路是怎么走来的,他又是怎样被病魔缠身,怎样与命运抗争的。

在经历了种种困难之后,王选和陈堃銶终于在北大一间不到十平方米的房子里举行了婚礼。婚礼办得非常简单,没有鞭炮酒席,只有陈堃銶家里人寄来的一套床上用品和一身衣服。他们也没有接受任何的贺礼,就连婚纱照也是后来补拍的。

结婚之后,勤劳的陈堃銶在方方面面都对王选照顾有加,不仅承担了所有的家务活,每天还会把病重的王选扶到椅子上,让他在院子里多晒晒太阳。她一直想对他好,尽可能地好,因为她不知道王选的生命到底还能够坚持多久,只知道她想珍惜,很爱惜。

因此,陈堃銶每天都会无微不至地悉心照顾着自己的丈夫。

王选身体稍微好转了一点儿,就又要被安排去学习,每天都要写检查、挨批判。

每个周日的傍晚,是王选要去"学习班"的时间,陈堃銶因为放心不下王选,所以每次都会夹着被子跟在他后面,一直把他送到那里,放好被子才转身回家。

"如果不是她,我扛不过来,也不可能会有今天的一切。"王选在回忆这段痛苦的日子时曾说过,"多亏有了堃銶,我才坚持了下来。一个男人如果有真正信任他、理解他的妻子,那是不会轻易自杀的!"

他们的小家在三楼,那里没有自来水和下水道,每天上下楼打水倒水的重活都是陈堃銶做的,她本就身体瘦弱,所以会经常累得上气不接下气。再加上学校里没完没了的"运动",陈堃銶每天都疲惫不堪。

支撑着他们二人的,不是别的,正是他们二人彼此的爱意。正是这份爱意,让深受重病折磨的王选一直有生的希望;正是这份爱意,让瘦弱不堪的陈堃銶坚强地撑起了整个家。

智慧在闪光

机遇,往往在苦难中降临。

终于到了一九七四年,一项影响汉字传承乃至中华文明进程的工程,在中国悄然设立了,这就是被称为"748工程"的国家重点科技攻关项目——汉字信息处理系统工程。

再次回到学校的王选,与陈堃銶无论是在生活上还是在科研上都达到了一种默契的程度。

那天,王选和陈堃銶正准备一同去食堂吃饭,陈堃銶被同事拦了下来。同事问道:"'748工程'的三个子项目的报表做好了没?"

陈堃銶连忙回答道:"嗯,已经送去给校长了。"

这是王选第一次听到"748工程",他既好奇又疑惑,回到家后便迫不及待地向陈堃銶询问细节。

"什么是'748工程'啊?还有,中午去食堂时你们说的三个子项目分别是什么呢?"王选就像一个求知若渴的小孩,向陈堃銶提出了一个又一个问题。

"这个'748工程'主要是对三个方面进行研究,也就是它的三个子项目:汉字通信、汉字检索和汉字精密照排系统。"陈堃銶耐心地向王选解释道。

王选听后精神一振,多年的科研实践培养出了王选的敏锐嗅觉和前瞻眼光,他听到"汉字精密照排系统"几个字时,预感到这是一个价值和前景都不可估量的重大项目。王选立即有了兴趣,便兴致勃勃与陈堃銶分析讨论了起来。

汉字精密照排系统是指利用计算机和相关的光学、机械技术,对中文信息进行输入、编辑、排版、输出以及印刷,也就是用现代科技对我国传统的印刷行业进行彻底改造。

王选和陈堃銶一致认为,虽然这个工程难度巨大,但它的价值和前景同样不可估量,因为在当时,中国最多的工厂应该就是印刷厂了。

在印刷行业,西方早已采用激光照排技术,但直到二十世纪七十年代末,我国仍沿用"以火熔铅,以铅铸字"的铅字排版和印刷,能耗巨大,效率低下。

从人类发展的历史长河来看,印刷工业的发展状况是反映一个国家经济、科技、文化、教育发达程度的重要标志。我国古代文明源远流长,印刷术是中国古代的四大发明之一,隋唐之际产生了雕版印刷,最具代表性的是公元八六八年印刷的《金刚经》。

大约在公元一〇四八年,北宋的毕昇发明了活字印刷术,即用胶泥做成一个个规格一致的毛坯,在一端刻上反体单字,笔画突起的高度大致与铜钱边缘的厚度一样,用火烧硬,成为单个的胶泥活字。为了适应排版的需要,一般常用字都备有几个甚至几十个,以备同一版内重复的时候使用。遇到不常用的生僻字,如果事先没有准备,可以随制随用。

十五世纪中叶,德国的古登堡将铅锌合金活字与印刷机相结合,发明了铅活字机械印刷术,大量推广并形成了产业,实现了信息传递技术的飞跃。

十九世纪中期,西方的铅活字机械印刷术进入中国,逐步成为中国印刷业的主宰。

王选的脑海中突然浮现出了他曾经在印刷厂里亲眼见过的难忘的一幕:排版车间里摆放的是一排排黑压压的铅字架,拣字工人一边托着木盘,一边拿着文稿,不停地把文稿需要的字从铅字架上找出来,放在托盘中,在铅字架之间来回走动。随着铅字的增多,托盘便会越来越重,工人们的手臂也越来越酸。

一个熟练的工人一天最多只能排七千字,人均还不足五千字,而且劳动强度也非常大,这一天走下来,要托着托盘来回走上十几里路。

如果汉字精密照排系统顺利研制成功,不仅将使印刷工人得到彻底解放,而且将在中国报业、出版印刷业乃至媒体传播领域引发一场轰轰烈烈的革命!

王选喜欢挑战，喜欢创新，并且拥有克服困难、实现价值的决心和信心。王选在选择攻克汉字精密照排系统后，他的创作热情也被激发出来了。

根据惯例，王选首先要了解国内外照排技术的研究现状和发展趋势。那段时间，他一整天都独自待在北京大学图书馆阅读资料。

但北京大学图书馆的相关资料不够全面，王选认为，中国科学技术情报研究所是当时中国科学技术情报收集的权威机构。那里的资料，特别是国外的资料，非常丰富、全面，综合性和实效性更强。

王选开始在北京大学和位于和平街的中国科学技术情报所之间来回奔波。他每周去大学三到四次，一去就会在那里待上大半天。当时从北京大学到情报所的交通费是两角五分。因为少坐一站就能省五分，所以王选每次都会早点下车，再步行到情报所。

一九七五年春天的几个月里，王选瘦削孤单的身影总是出现在和平西街到和平街的路上。他的目光坚定，眉毛或紧蹙或舒展，他无时无刻不在思索着，完全没有注意到路边开了一树的玉兰花像一只只站满了树的白鸽，也没有感觉到北京春天里独有的狂风与柳絮。

情报所中外文文献为王选开启了一个洞察世界的窗口，那些文献的借阅登记卡上几乎都是空白，王选总是第一个借阅者。就这样，王选如饥似渴地学习着，那时的文献资料虽然可以复印，但是费用不低，所以王选总会随身携带一个笔记本，看到一些重点资料就拿出笔抄写在笔记本上。

图书馆的读者们总会看见一个戴着黄框眼镜的男子一坐就是大半天，看着资料不停地抄写着，笔记写得密密麻麻，但是却整洁清晰。

照相排字机简称照排机，是采用照相的方法来排文字版的一种机器。而王选要研究的是专门为中国文字设计的汉字激光照排系统。

经过一番深入的研究，王选得出了一个重要结论：研制汉字激光照排系统，首先要解决汉字字形信息在计算机中的存储问题，这样才能够做到既有输入也有输出，为之后的印刷服务。

"汉字的存储"便是摆在王选和他的团队面前的第一个难题。

沉重的打击

北大宿舍区的柿子树已经长得非常茂盛了。王选坐在椅子上,一只手拿着报纸,一只手拿着放大镜,仔细地观察着。这段时间以来,王选就像是上瘾了一般,只要有时间就会盯着报纸看个没完。

但王选并不是在看报纸上的文字内容,而是在观察每一个字的结构笔画,渐渐地,通过放大镜,这些大小各异、字体不同的字在王选眼中变得越来越大,每一个笔画都被分解开来,不仅仅分成了横竖撇捺,更细化成一个个小点,组成了黑压压的点阵。

陈堃銶给王选端来了水果,关心地说道:"先吃点水果休息一下吧,汉字存储有什么进展了吗?"

王选缓缓地合上报纸,用手推了推镜框,有些发愁地说:"这些汉字形状各异,我怎样才能让计算机好好认识它们呢?"

"要不给这些汉字编个号,不过,也不知道这么多汉字要用多少个号。"陈堃銶尝试性地向王选提出了自己的看法。

王选突然一惊,好像想到了什么,一拍大腿:"对啊!数字啊,用数字不就成了?"

"是给它们编号吗?"陈堃銶问道。

王选摇了摇头,收好了报纸,起身说道:"用0和1就够了。计算机是可以处理数字信息的,如果我们把汉字写在方格纸上,把有笔画通过的小方格记为1,把没有笔画通过的记为0,这样,每一个汉字就能变成一个可以被计算机所认识的数字化点阵了,同样也就化繁为简了。"

陈堃銶听了王选的话很是认同,开心地拍了拍手:"太棒了,这个汉字存储的问题就这样被你解决了!"

王选有些不好意思,不一会儿就又严肃了起

沉重的打击

来:"走,我们先去跟同事们说说,看看之后还会不会遇到什么问题。"

说完,他便拉着陈堃銶快步走向了研究室。

王选和同事们交流完自己的方案之后,大家几乎都点头同意,可才画完一个汉字的点阵图时,他们便发现了问题。

"王选,你看看这个'国'字的点阵图,倘若字形大一号或小一号,它们的点阵图都会相应发生变化,而且咱们中国汉字不像英文只有二十六个字母,光常用字就有五六千个。"一位同事疑惑地提出了问题。

这个问题也确实成了横亘在王选面前难以逾越的高山,王选思索着,必须想出一种巧妙的方法对汉字信息进行大大的压缩,这是关键一步,不能步别人的后尘,必须另辟蹊径。

王选拿出了字典琢磨着每个汉字的笔画,很快发现了规律:汉字虽然繁多,但每个汉字都可以细分成横、竖、折等规则笔画和撇、捺、点、钩等不规则笔画。

"我们是不是可以先想想办法对这些笔画进行

统计，看看能否选出若干典型笔画，供整套字使用，然后再去研究怎样用较少的信息描述笔画。"王选向大家伙儿提议，大家纷纷点头，议论纷纷。

"我想我们应该可以请北京大学印刷厂帮忙。"陈堃銶突然想到这个方法，一边说一边准备前去拜访印刷厂的领导。

陈堃銶去印刷厂找来了字模稿，将字模稿上的一个个汉字字形放大在坐标纸上，再描出字形的点阵和统计笔段。她发现一个字中的横、竖、折的基本部分比较固定，变化的是头和尾，而头和尾的样式也不是很多。

王选拿着一张张的字模稿，像是着了魔似的反复分析着，每天都在思考用什么办法既能减少存储量，又能保证字形在变大变小后的质量。

令大家没有想到的是，王选的数学功底发挥了意想不到的效果，他首先想到的便是用"轮廓"来描述汉字字形。

王选在汉字的轮廓上选取了合适的关键点，然后将这些点用直线相连成折线，用折线代表汉字的轮廓曲线，只要点取得合适，就能保证文字在放大缩小之后的质量了。

王选和陈堃銶粗略统计了一下,发现汉字中规则笔段的比例占了近一半,一套七八千字的字模可能会包含几万个横和几万个竖,但是分类之后就只有十几个类型的横和竖了。

经过反复地研究和观察,一个绝妙的设计在王选的脑海中形成了,他兴奋地对陈堃銶说:"我们可以给规则笔段,如横和竖等,用编号表示,而其余撇、捺、点、钩等不规则笔段仍用轮廓来表示,这样就可以解决字形变化后的质量问题了。"

陈堃銶听了王选的想法之后,欣喜万分,她还发现了这种方法的另一个优点,那就是不用把每一个汉字参数都输入计算机里去,只需存储一些有代表性的符号,随意搭配拼接成汉字。

为了验证这个想法,王选不停地统计和计算着,遇到问题就和陈堃銶讨论,最终获得了成功,能很好地控制字形变大或者变小时敏感部分的质量,从而实现了字形变化后的高度保真。

王选的这项发明在一九七五年时是世界首创,并且比西方早了整整十年。

一九七五年九月,王选的字形信息压缩技术、字形的高速还原技术进一步成熟。在二十日那天,陈堃銶通过软件在计算机中模拟还原出了"人"字的第一撇,她高兴地在机房里跳了起来,大家对研究也越来越有信心。

可在十一月初的北纬旅馆论证会上,给了大家一个沉重的打击。

会上,因为王选身体还非常虚弱,陈堃銶代做报告。陈堃銶展示了他们的最新成果:一个用字形信息压缩技术、通过软件还原、宽型打印机打印的"义"字。

"这个字虽简单,但是包括了撇、捺、点三个不同的笔画,可以看出笔锋的质量。"陈堃銶耐心地向大家讲解着方案。

与其他单位相比,王选的方案新颖独特,并且具有超前性,他们本以为会得到大家的一致认可,可没有想到的是,大多数与会者竟暗中摇头。

评委会的人听完陈堃銶的方案之后给了王选团队这样的评价:"印刷界目前对计算机很不了解,而且王选同志的方案更是闻所未闻,我们认为字模应该是看得见、摸得着的，要实实在在地印刷，你们又是压缩，又是解压缩的，简直就像在玩数学游戏，能保证质量吗？而且这就好比天方夜谭，太脱离实际了。"

评委会的评价就像是晴天霹雳，大家一瞬间都突然对此项目失去了信心，因为没有人认可他们。这是"748工程"成立以来遇到的最大的一次挫折，王选心情沉重，但他并没有一点儿退缩的情绪，反而更加坚定了继续走下去的决心。

"我们一定要证明给他们看！"这是王选那天晚上对整个团队也是对自己说的话。

逆境中也有光亮

不因幸运而故步自封,不因打击而一蹶不振。真正的强者,善于从顺境中找到阴影,从逆境中找到光亮,时时校准自己前进的目标。正因如此,机会并没有从王选的身边溜走。

时任第四机械工业部第三生产技术局副局长的郭平欣其实一直关注着北大的方案,经过一番更为详细的调研,他对北大方案开始"深信不疑"。春节刚过,他便再次来到北大,想要找王选更细致地了解方案。

王选看到郭副局长的到来,瞬间看到了希望,整个人充满了朝气,热情地迎接他,对他说道:"您能来,我们真的很感动。"

"其实我从上次听了你们的方案之后就很感兴趣,项目一定是要集思广益、公平竞争、择优支持的,所以我这次特地来正式听取你们的方案介绍。"郭副局长的首肯王选都看在眼里,所以这次的汇报他也准备得相当充分。

王选看得出,与会专家都问得很仔细,不少人对自己的方案也表示出了赞许的态度。虽然天气异常寒冷,但王选却感到浑身暖融融的,有了他们的支持,就更加有希望了。

北大校长也找到了王选,告诉他:"不管任务是不是下达给了北大,都一定要坚持做下去。"有了这句话,王选更加坚定了自己的决心。

后来的事实证明,郭平欣具有伯乐般的眼光和胆识,给王选这匹"千里马"提供了一个奔腾驰骋的疆场。

在跨越了字形信息压缩技术这座高山后,选用什么输出设备,便是王选和同事们需要解决的第二个问题。

陈堃銶建议道:"我们是否可以采用阴极射线管即荧光屏显示输出的三代机方案呢?"

"这样做,我觉得心里有些没底。"王选思考了许久后对陈堃銶说,"我觉得咱们还是踏实点,据我了解,我们国产的高分辨率的阴极射线管不过关,屏幕尺寸也很小,满足不了报纸版面的要求,所需要的高灵敏度的底片也没有人研制。"

"那我们应该采用什么样的机器呢?"王选的质疑难住了团队里的其他人,输出设备的选择成了很长一段时间内困扰他们的严重问题。

一个偶然的机会,王选听说了杭州通信设备厂研制的一种报纸传真机,这种传真机幅面宽、分辨率很高、对齐精度好,更重要的是,它是成熟的已经每天在使用的设备了。

一个念头一下子从王选的脑海中闪了出来:国外正在研究激光照排系统,倘若把报纸传真机的录影灯光源改成激光光源,是不是就变成激光照排机了?

王选很激动,坐不住了,立刻起身去物理系找到了光学专家张合义。

"咱们北大有没有能力把杭州报纸传真机的录影灯光源改成激光光源,并且提高原来机器的分辨率?"王选急切地问道。

张合义思考了一会儿,肯定地回答道:"可以。"

王选惊喜万分,他知道,张合义是严谨的光学专家,没有把握是不会做肯定的回答的,终于他心中的又一块石头落了下来。王选决定立即开始激光扫描控制器的研究,这下才发现困难远远超过了他的想象。

但是科学研究对于王选来说就像是一次航行。航行中必然会遇到从各个方面袭来的劲风,然而每一阵风都会使他加快航速。只要能够稳住船舵,即使是暴风雨,也不会使他偏离航向。

王选利用了一个又一个构思巧妙的绝招,攻克了激光扫描控制器的一个又一个技术难关。

于是王选于一九七六年八月又提出一个大胆的决定:"我建议我们能跨过世界上正在流行的二代机和三代机,采用激光输出方案,直接研制世界上尚无商品的第四代激光照排系统。"

这是王选在研制汉字精密照排系统过程中最具前瞻性的决定,在很多人眼里这无疑又是天方夜谭。

"世界上根本还没有这样的机器……""我从没听说过四代机……""国外还没搞出来的东西,他能行吗?""真是梦想一步登天,他想搞第四代,我还想搞第八代呢!"……

对王选的质疑声此起彼伏,王选经常在私下听到他人对自己决定的议论,可王选依旧坚定不移地继续着自己的研究工作,他也坚信一定能成功。

"世界上目前只有英国蒙纳一家公司在研制第一台激光照排机,就是因为目前它还没有成为商品,所以我才更想要把它做出来,更想把它做好!"王选鼓励着身边的同事,陈堃銶也一直支持着他。

王选是一个执着的人,一旦认准了目标,就要千方百计地去实现。

他一直非常欣赏两句话,第一句是索尼公司名誉董事长井深大说的:"独创,绝不模仿他人,是我的人生哲学。"第二句是我国著名物理学家、声学专家、中国科学院资深院士汪德昭说的:"标新立异、一丝不苟、奋力拼搏、亲自动手。"

这两句话，也是他的人生准则。在他眼里，"一鸣惊人"并没有什么不好，只要能够切合实际，就是创新。

王选还认为，搞应用研究，必须采用高起点，着眼于未来技术的发展方向，否则，成果研制出来时，就已经落后于时代，只能跟在外国先进技术的后面亦步亦趋。

所以从长远来看，激光照排符合世界照排技术的发展方向，是最佳选择，因此王选一再坚持。

和钱学森绕过飞机研制导弹一样，王选正是绕过了二代机和三代机在机械、光学等方面的巨大技术困难，大胆选择了别人不敢想的第四代激光照排系统，才取得了成功。

王选一九七六年提出直接研制第四代激光照排系统，一九八五年开始使用，使我国从铅字印刷直接跨入激光照排，一步跨越了西方走过的四十年！今天看来，最宝贵的，正是王选这种具有凌云气概的技术跨越精神。

令人幸福的"羊"

在一个春风送暖的日子，新华社的会议室里，电子工业部、新华社和北京大学的三方领导和专家齐聚一堂，召开"748工程"的协调会。

会议实际上开成了动员大会。

时任北京大学校长的周培源特别提到："新中国成立后，我们培养出的知识分子都是有水平、有能力的！'748工程'就是一个典型的例子。"他还不断鼓励在场的所有人，"我们一定要把耽误的时间夺回来，为中国人民争一口气！"

时任新华社社长的曾涛在会上也做了热情洋溢的发言，他斩钉截铁地拍着桌子大声说："一定要干，一定要干好，要为中华争光！"

这次会议让王选的心情久久难以平静。十年浩劫，让王选一直在与疾病和困苦作战，但他一直没有放弃他钟爱的科研之路。可在这条困难重重的路上，王选遭受了数不清的误解、讽刺和挖苦。

领导们尤其是周培源校长的鼓励和支持，使他感到无比温暖，也从心底里有了更强烈的信念。王选暗下决心：即使是豁出命去，我也一定要把这项事业干成！

就这样，王选和整个团队日复一日、全身心地投入了"748工程"的研究中去。王选的身体尽管在康复，但是秋冬来临后，他又常常感到胸闷憋气，有时连打太极拳都很困难，但是一心为科研的他只会在最难受的时候休息一下，稍微有些好转就继续坚持工作。

一九七七年十二月一日，在北大旧图书馆新建成的机房里，一场模拟实验正在进行。王选头上冒着汗，鼻尖上缀着几颗亮晶晶的汗珠，突然，他惊愕地眨了眨眼睛，脸上的肌肉一下子僵住了，他纹丝不动，就像电影中的"定格"。几个同事也都像木头一样，定在了那里。

令人幸福的"羊"

为了检验传真机输出的文字质量和测试它与计算机之间的接口，研究室做了一个实验，用一个"羊"字的单字汉字点阵发生器与传真机相连。结果输出了一整版印满"羊"字的底片，而且输出质量比预料中还要好！

冬日的阳光在旧图书馆里洒下炫目的光辉，照亮着一张张快乐的、兴奋的脸，每张脸上都洋溢着笑容，好似一朵朵盛开的花。王选和同事们都感到无比振奋。

输出的一整版"羊"字字体端庄，笔锋秀丽，郭平欣在仔细看过底片后，高声向大家宣布："研制激光照排系统的技术条件已经成熟！"所有人顿时沸腾起来，欢欣鼓舞。

这个"羊"字非同一般，是让人感到幸福的"羊"。

不久，在杭州通信设备厂的协助下，张合义等人把传真机光源改成了激光，并采用同样的方法，又成功地在底片上输出了整版的"羊"，而且质量更高，从而证明了激光机的输出质量完全能满足印刷出版的要求。

尽管"748工程"又取得了阶段性的胜利，但还是存在一些令人头疼的问题。当时硬件和软件的开发条件都非常有限，在硬件方面，国产集成电路质量差，每次关机、开机都会损坏一些芯片，这样不仅机器损耗大，并且会大大影响进度，没办法，他们只好采取不关机的办法，昼夜工作。

"一个人守着实在是太辛苦，我们轮流值班吧。"陈堃銶体贴地向王选建议道。

王选思考了一会儿，觉得一个人守着身体确实吃不消，和大家一起做了决定："那我们就工作日每晚男同志轮流值班，节假日女同志值班。"

每次到王选值班时，陈堃銶都担心不已，生怕他忘记带东西。

"王选，我给你编了个顺口溜，你把它背下来就不会忘记拿东西了。"陈堃銶兴奋地告诉王选，"被子、床单、书包，毛巾、牙刷、牙膏，钢笔、水果、小刀。"

王选看到如此细心可爱的陈堃銶，打心底里高兴，陈堃銶就好似他紧张生活里的一味调味剂，给他的生活增添了趣味。

要是能有先进的进口计算机和元器件该多好啊，那样研制工作便会轻松许多。王选心想。

然而，先进的设备没有盼来，却闯来了一个不速之客——世界上最早研制西文激光照排系统的英国蒙纳公司，早中国一步，推出了汉字激光照排系统，并且准备大举来华宣传。

"我们可以免费为中国培训使用和维护其激光照排系统的工程技术力量，并且在一九七九年的夏秋之际到北京和上海举办展览。"蒙纳公司的负责人向公众宣布。这无异于雄心勃勃地宣布，蒙纳公司准备正式进军中国巨大的印刷出版市场了。

听到这一消息后，王选一下子感到了从未有过的危机。他在前一年八月得知了香港中文大学一位教授在做汉字终端，并且要与研制激光照排的英国蒙纳公司合作，可他没有想到竟然这么快就来到了家门口。

对于刚刚进入样机研制的国产系统，这个强劲对手的威胁实在是太大了。王选感觉自己的心像是要跳出来一般，徘徊、流浪却找不到出口，只知道自己担负着一项艰巨却又不得不为的重任，难道他们之前那么多年的努力都要白费了吗?

天空布满了乌云,好像快要下大雨了,王选希望自己的心里也能痛痛快快地下一场雨,让雨水冲刷掉他所有的烦恼。

但是很快,王选平静了下来,冷静地分析了双方的优劣势。

他发现蒙纳公司的系统有一个致命的弱点,它的控制器总体设计是很差的,采用黑白笔段描述字形,在点阵字的基础上做一些压缩,压缩率很低,所以字体不能够放大和缩小,放大了会出现马赛克,缩小了就会粘在一起变成一团。

而己方优势在于,设计思想的先进,"轮廓加参数"的字形描述方法,高倍率信息压缩和高速复原等技术便是王选团队的"撒手锏"。

这样一分析,王选瞬间增强了信心,同时也感到了时间的紧迫,他决心加紧原理性样机的研制和调试,一定要在展览会举办以前,输出一张报纸的样张。

于是,王选带领着团队开始与时间赛跑。

令人震惊的技术

从研究室走出来,与国际先进产品一争高低。在二十世纪七十年代末能做出这样的决定,除了高度自信,还有让中国的印刷革命由中国人来实现的一腔爱国豪情。

一九七九年是王选研制激光照排十余年间身心最紧张和最劳累的一年,他承受着巨大压力,带领同事们日夜不停地向曾立下的目标努力着:一定要在蒙纳公司来京展览前,输出一张报纸样张。

七月,正值盛夏,旧图书馆窗外树荫匝地,蝉鸣阵阵,学生们大都放假了,校园里静悄悄的。旧图书馆一楼的研究室的机房却是一番热火朝天的景象。

由于硬件设备很不稳定，各部分常常不能正常运转，调试过程十分艰辛。因此，许多人熬得眼睛红红的，有时实在困得坚持不住，便倒头打个盹儿，醒来接着干。

王选小心翼翼地从机器里拿出了样张，却发现结果总不令人满意，有时出到半截就停了；有时输出来了，又发现个别字模出了问题；后来终于能全部输出了，却发现底片上的字的笔画是弯曲的，就好像一只只弯弯曲曲的小虫子趴在上面。

王选和陈堃銶分析了半天才发现，原来笔画弯曲是因为照排机有抖动。王选从教室搬来了几个凳子，拴上绳子把机器围了起来，就好像是给机器添上了一层保护罩，照排时不让任何人接近。大家经过它的时候都是蹑手蹑脚的，尽量选择绕行，离这个"金贵的宝贝"远一些。

二十七日下午，经过日夜奋战，几十次的实验，一张报纸样张顺利完整地输出了，底片刚冲洗出来，王选就立刻拿起放大镜瞪大了眼睛，仔细检查着每一个字。

终于，王选抬起头，笑逐颜开地大声宣布：

"成功了！非常完美！马上制版印刷，多印一些！"

大家一时间沸腾了，抢过样张左看看右瞧瞧，翻来覆去地检查，发现上面的每一个字的字形正奇交错，大大小小，开开合合，线条粗细变化明显，跌宕有致，堪称完美！

大家长舒一口气，接着发出一阵欢呼声，我国第一张用汉字激光照排系统输出的报纸样张，在未名湖畔诞生了！

消息很快传到了国务院，第二天，国务院副总理兼国家科学技术委员会主任方毅就兴致勃勃地来到北大汉字信息处理技术研究室的机房视察。

他并没有前呼后拥的阵势，而是轻车简从，悄悄进入机房，一个人坐在进门的右边观看起来。

王选和陈堃銶依旧仔仔细细调试着机器，丝毫没有注意到前来视察的领导，还是其他同事发现后才知道。

方毅给予大家高度的评价，高兴地与大家一一握手表示祝贺，这让王选和同事们十分感动。

接下来的几天，国家科学技术委员会、国家计划委员会、教育部以及出版局等许多单位纷纷前来参观,可谓门庭若市。

报头"汉字信息处理"几个大字遒劲有力,输出的其他汉字全都笔画匀称,笔锋清晰,字形美观大方,如果不是右上角"本刊是计算机——激光汉字编辑排版系统的试排样张"的提示,简直就与一张正式的报纸一模一样。

一位当年参加过论证会的同志激动地对王选说:"当年你们介绍情况时,我们都不相信,没想到现在真的实现了,而且复原出来的汉字质量这么高,真让人感到震惊!"

光明日报社科学部的资深记者朱军听闻消息后,立刻邀约了王选去报社一起商量第二天的头版新闻,记者每写完一张稿纸,就会送到工厂排字,打出了小样后再修改讨论。

王选也到排字车间看了,感慨万分:"工人们在排字车间里跑上跑下,真辛苦啊,一定要让编辑们用上电脑排版。"

那天晚上稿子发完已经凌晨四点了,但大家依旧很高兴。在光明日报社熬通宵,让王选第一次切身体会到了编辑们的辛苦,这也促使他后来积极推进报社采编流程计算机管理系统的研制。

王选是一个饮水思源的人,在此后的日子,他对《光明日报》念念不忘,新闻媒体采访王选的时候,他也经常叮嘱要访问记者朱军。

《光明日报》的报道,如同平地响起的一声春雷,震动了国际照排系统研究领域。最震惊的当然是正在上海筹备展览会的英国蒙纳公司的技术人员。

一九七九年十月,蒙纳系统的总设计师金斯教授率参展团队来到北京,迫不及待地参观了北大的成果。出于技术保密,王选只好回避了这次接待。

金斯一行人之前并不知道王选团队达到了什么水平,所以金斯教授一见到机器,便睁大了眼睛惊异地问道:"你们真的搞出来了?"

王选的同事们对着金斯教授笑了笑,拿出了输出的底片给他看。金斯教授用放大镜一看,非常吃惊,大声地说:"Very high quality(质量很高)!Very high quality!"还连续讲了两遍。

同事们自信地抬起了头,他们终于为中国争了光。

后来讨论的时候金斯教授就问:"我有一个大难题,那么多的汉字字模,不同字体、不同大小,如何放进计算机?又如何很快地取出?"

"这个是我们的技术,保密,不方便回答。"当其他同事讲出这句话时,金斯教授只好惋惜地摇了摇头。

离开的时候,金斯教授还提出希望能购买王选团队研发的技术,大家当然没有答应。

一九八〇年三月,香港《工程与科学》杂志刊登了一篇题为《电脑——激光汉字编辑排版系统》的文章,详细介绍了王选和他的团队研制出的汉字激光照排系统。这是内地之外的媒体对北大成果的首次报道,不仅充满了神秘,还充满着期待。

大树与新苗

随着汉字激光照排系统在国内外影响力的日渐增强,淘汰铅字的革命在中国如火如荼地展开,其势头之猛、速度之快,甚至超出了王选的预料。

他在当时科研条件十分简陋、外国厂商大举进军中国市场、许多人自信不足、崇尚引进等困难挑战下,紧跟我国科技体制改革的时代脚步,坚持"科技顶天、市场立地",带领团队攻坚克难。

先后研制出八代中文电子出版产品,推向市场并得到广泛应用,占领了99%的国内报业市场、90%的书刊(黑白)市场以及世界上其他国家和地区80%以上的华文报业市场,掀起了我国"告别铅与火、迎来光与电"的印刷技术革命。

该技术不但使来华销售的外国厂商全部退出中国，还出口至日本、欧美等发达国家和地区，并促成北京大学计算机研究所和方正集团的紧密合作，走出了一条产学研结合的成功之路，成为我国创新驱动发展的时代典范。

这些成果开创了汉字印刷的一个崭新时代，彻底改造了中国沿用上百年的铅字印刷技术。王选又相继提出并领导研制了大屏幕中文报纸编排系统、远程传版技术和新闻采编流程管理系统等。

多年的实践更使王选体会到，实现技术创新的关键是培养年轻人才，实现技术与市场相辅相成的保障是产学研结合的体制。这也是他在二十世纪九十年代中后期孜孜以求的又一番宏伟事业。

春节正悄悄地走来，大街小巷都洋溢着节日的气息，各个商场里人山人海，热闹非凡，不管是老人还是小孩子，手里都是大包小包的，脸上绽放出快乐的笑容。

一九九三年春节，王选和大多数人不同，除了抽出半天时间到周培源先生家拜年外，其余时间把家门一关，专心搞科研。

春节对于王选来说，是可以聚精会神搞科研的一大段宝贵时间，他的许多设计都是在春节期间完成的。学生们来家里拜年，看到的都是满桌的设计草稿。王选一看到自己的学生，便会想起两年前的一件事。

一九九一年初，方正91电子出版系统即将上市，王选忽然发现自己设计的芯片在处理图形时有漏洞。

他当时得了重感冒，头晕乎乎的，根本分不清东南西北；头痛得就像被万根针扎一样；双手无力，就连端起一杯水的力气也没有；走起路来摇摇晃晃，一副喝醉酒的样子。他的脸上一点儿血色也没有，煞白煞白的，更难过的是鼻子不能顺畅呼吸，睡觉的时候，鼻子一点儿气也不通，好像被什么堵住了。

实在没有办法，王选这次只好把这一漏洞告诉了栅格图像处理器（RIP）组的三个年轻人。

"这次是实在没有办法才让你们帮帮忙，你们先思考思考，有问题及时讨论。"王选并没有指望他们能想出对策，可不料，没过几天，其中的一个硕士研究生就想出了一个妙招儿。

王选在大喜过望的同时,也隐隐感觉到了危机,他细细数了数自己的白发:难道是自己真的老了吗?这是王选对自己的怀疑。

经过深思熟虑,王选向所在单位提出正式退出科研第一线,全力支持和培养年轻一代。他静下心来,开始把多年从事计算机研究的感想写成一篇篇文章。

"爱才"首先要"识才"。王选有一种"求贤若渴"的劲头,为了寻觅中意的人才,他不放过每一个机会,有敏锐的目光,判断眼前的年轻人是不是一匹"千里马"。

"我判断年轻人要考查其品德、能力、团队精神和是否认真负责、踏实肯干。此外,很重要的一点是看面临吸引人的挑战时是否充满激情,是否有力争第一的勇气和韧性。"这是王选曾经总结的识别人才的标准。

看着这些朝气蓬勃的年轻面孔,王选心中充满了爱。一有时间,他就会到各个机房"串门",和这些年轻人聊天,了解他们的兴趣爱好和特长。一回到家，他提笔就会记录下来他在聊天中所了解到的情况：

"××，班长，动手能力很强，并且有洞察力；

×××，市优秀毕业生，住在学校附近外婆家；

××，电脑大赛获奖，非常聪敏，能力强，爱玩……"

没多久，王选就能说出上百个年轻人的名字。他还专门准备了一个紫红皮的笔记本，大家都知道那是王老师的"宝贝"，上面密密麻麻记录了各种信息。大家也都愿意和王老师做朋友，他平易近人又很谦虚。

"我第一次吃黄油就是在王老师家吃的。"一谈起王选老师，学生们都激动万分，好像每个人都和王选老师有交情。

"那天讨论完技术问题后，王选老师便请我们几个人到家里吃饭，他从冰箱里拿出了一块纸包着的、散发着奶油香味的东西请我们吃。我吃了一块，那简直是我吃过的最好吃的东西。"学生说着，眼里似乎有了泪花，"王老师告诉我那个是黄油,他说我瘦,要多吃点儿,王老师就像爸爸一样好。"

大家都从王选那里得到了慈父般的温暖。除了在事业上激励和支持优秀的年轻人才,王选还想方设法地为他们提供良好的生活条件,解决其后顾之忧,在待遇上尽可能地满足他们。

最后的路程

随着二〇〇〇年元旦钟声和鞭炮声的响起，二十一世纪终于大踏步地来临了。

王选在跨年之夜满脸笑意，温柔地对陈堃銶说："我有个愿望，上次去香山还是一九九八年，今年想去香山看看雪景，'西山晴雪'是燕京八景之一，这几十年来我还从未看过。"

陈堃銶点了点头答应了王选，可是王选的这个愿望最终没有实现，没过几天，王选因身体不适住进了医院。根据以往的经验，到温暖的南方可能有利于病情好转，于是两人商量，去海南岛住几天。

海南岛的椰风和阳光果然有奇妙的效果，按时服药几天之后，王选的身体便开始慢慢恢复。没过几天，王选又回到北京，投入繁忙的工作中去了。

二〇〇〇年九月十六日，王选从马来西亚出差回到北京，当晚便开始发高烧，第二天去医院检查，结果是肺炎待查。同事陪着王选去北医三院做CT检查，结果出来后，医生只让王选的同事一个人进去。

"王选的情况很不好，肺部的阴影一直不散，可能是癌症。"医生表情严肃地对他的同事说道。

同事听完整个人都呆了，一下子不知所措，他不敢告诉王选，急忙悄悄地给陈堃銶打电话。

陈堃銶亲自向医生咨询了病情，医生说王选患的是左肺支气管肺癌，而且已经到了中晚期，最多活不过两年！这几个字对于陈堃銶来说简直是五雷轰顶，她听后，心如刀绞："王选才六十三岁啊！"没有办法，陈堃銶只好强忍着悲痛回了家。

不过，悲痛只在陈堃銶的心中停留了片刻，就被她驱走了，陈堃銶知道，自己必须坚强起来，因为王选这个时候是最需要自己的支持的，而王选的镇静也增加了陈堃銶的信心。

回想多年来一起走过的风风雨雨，无论困苦还是疾病，无论压力还是阻力，他们始终如一，坚定不移地以顽强的毅力携手克服了重重难关，也经历了生死相依的考验。

面对突然而来的打击，王选和陈堃銶很快就达成了默契，一定要坦然面对，坚定信心，积极治疗，争取好的结果。

第二天早上，夫妇俩和往常一样从容自若地出现在未名湖畔，在晨曦的映照下，一个打太极拳，一个练气功，和平时一样平静。

春季，万物复苏，春意盎然，一片生机勃勃的景象。吹拂过绿叶的风，变得格外温柔，太阳也变得暖洋洋的，绿叶们则托出了一个个娇嫩欲滴的花骨朵儿。微风中，它们轻轻摇曳着，害羞地露出了笑脸。

王选一出门，石阶前等着的大黄猫就跑了过来。这是一只流浪猫，但王选因为从小就喜欢猫，所以会经常给这只大黄猫喂食。

大黄猫也把王选当作了自己的好朋友，只要看到他出来，便会像孩子一样跑过来，围在王选脚边，一会儿咬他的裤脚，一会儿舔他的鞋帮。等王选和陈堃銶开始在楼下锻炼身体了，它就会安静地待在一边，或埋头打瞌睡，或肚皮朝天可爱地晒太阳。王选每每看到此景，心中就多了些宽慰。

王选一直保持着良好的心态，他多次进出医院，多次接受化疗和放疗。自生病以来，他就不能像以前那样，有空就去机房找学生们聊天了。但他心中一直牵挂关心着他们，会偶尔打个电话，用自己力所能及的方式关心、鼓励和支持着他们。

"每次接到王选老师的电话，心中就好像打了强心针一样，充满着信心和干劲。"常接到王选电话的一位学生说道。

即便在病重之际，王选依然不忘鼓舞年轻人。

二〇〇五年十月，王选忍着病痛，为《光明日报》写下一篇七千字长文，而主题就是给优秀人才提供良好的创新环境。他分析了电子计算机诞生六十年来计算机领域重大发明的产生过程，指出"所有这些重大发明均来源于一个、两个或三个杰出科学家的奇妙构想"，"这些重大发明的提出者大多为三十多岁的年轻人，有的仅二十多岁"。

二〇〇六年一月在协和医院特需病房的六层，

走廊的尽头有一套不大的房间，王选在那里度过了他最后的时光。王选以他超出凡人的乐观幽默和坚强豁达谱写了生命最后的华彩乐章。

二〇〇六年二月十三日，王选因病离世。挽联上，陈堃銶用"半生苦累，一生心安"八个字总结和评价了丈夫的一生。

现在，即使十几年过去了，祖国和人民没有忘记王选，不断授予他各种荣誉。人们为何念念不忘"王选精神"？他的时代价值是什么？

"永不止步的创新精神，百折不挠的奉献精神，刻苦踏实的工匠精神。"陈堃銶这样总结，"我们在'告别铅与火'之后，并没有停下前进创新的脚步，又告别'报纸传真机''电子分色机''纸与笔''照排胶片'，等等。年轻时的王选曾因废寝忘食的工作累出重病，也曾遭遇过家庭变故，但是这些挫折即使再大，都不能打倒他为国奉献、百折不挠的信念。"

改革开放四十周年之时，王选又光荣地获得了中国"改革先锋"的称号。

汉字激光照排系统，不但引发了印刷史上的革命,也是"中国制造"的引领者。它,永远和"当代毕昇"王选,这个光辉的名字连在一起。如今,我们阅读的书籍、报刊的印刷,都受益于他。正是他,让"中国制造"魅力四射。

"做出有用的事情,我们这一生便没有虚度了。"王选说。

伟大的科学家王选的故事讲到这里就结束啦,了解了他的一生,是不是对他的聪明才智和无私的奉献精神深深地敬佩呢?在王选的世界里,虽然没有璀璨的星河,没有轰轰烈烈的斗争,却有着只属于他自己的那充满着无限奥秘的数学和计算机。

汉字激光照排系统不仅改变了中国的印刷业,也彻彻底底地改变了世界的印刷业。这意味着科学可以改变我们的生活,拥有着震撼世界的力量。

你也有能力成为一名科学家,但必不可少的就是努力奋斗的决心!这些为科学发展而不懈奋斗的科学家和他们的事迹更值得我们好好学习,那么就让我们带着这种伟大的力量,带着对未来的美好憧憬,好好地学习和生活吧!